초급 **1**
익힘책

법무부 사회통합프로그램(KIIP)

한국어와 한국문화

국립국어원 기획
이미혜 외 집필

Hawoo Publishing Inc.

발간사

2020년 9월호 법무부 출입국·외국인 통계월보에 따르면 국내 체류 외국인은 약 210만 명으로 2010년보다 2배 가까이 증가하였습니다. 그런데 주목할 점은 체류 외국인이 양적으로 증가하였을 뿐만 아니라 이들의 유형이 결혼 이민자를 비롯하여 근로자, 유학생, 중도 입국 자녀 등으로 점차 다양해졌다는 것입니다. 이러한 변화는 다양한 언어와 문화적 배경을 가진 구성원과의 '공존'의 중요성을 한국 사회에 알리는 동시에 '소통'의 과제를 던져 준다고 생각합니다.

이에 국립국어원에서는 한국에 온 외국인들이 체계적으로 한국어를 배워 한국 사회의 일원으로 능동적으로 생활하고, 사회 구성원 간의 의사소통이 더욱 원활할 수 있도록 지원하고 있습니다. 그리고 이를 위한 교육 내용을 연구하고, 한국어 교재를 발간하고 있습니다. 이번에 발간되는 ≪사회통합프로그램(KIIP) 한국어와 한국문화≫는 이러한 노력의 결실 중 하나라 할 수 있습니다.

이번 교재 개발에는 한국어 교육 및 사회·문화 교육 전문가가 집필자와 검토자로 참여하여 한국어와 한국 문화의 전문적 내용을 체계적이면서도 친근하게 구성하였습니다. 특히 '사회통합프로그램'을 총괄하는 법무부의 협조로 현장 요구 조사와 시범 적용을 실시하여 교사와 학습자의 의견을 폭넓게 반영하기 위해 노력하였습니다. 그리고 한국어 능력 향상뿐만 아니라 문화 다양성을 고려하여 내용을 구성하였으며, 풍부한 보조 자료를 제공함으로써 교사와 학습자가 손쉽게 활용할 수 있도록 하였습니다.

본 교재는 기초편 교재 1권, 초급 교재 2권, 중급 교재 2권의 5권으로 구성되며, 이 구성에 따라 학습자용 익힘책과 교사용 지도서가 본 교재와 함께 출간됩니다. 이와 함께 학습자용 유형별 보조 자료와 기타 보조 자료를 별도로 제작하여 현장에서 손쉽게 사용할 수 있도록 제공하였습니다.

아무쪼록 이 교재가 사회통합프로그램에 참여하는 학습자들에게 한국어를 체계적이고 충실하게 익힐 수 있는 유용한 길잡이로 널리 활용되기를 바랍니다. 그래서 이 교재를 사용하는 이민자들이 한국 사회의 주체적인 구성원으로서 안정적인 생활을 영위하는 데 도움이 되기를 희망합니다.

끝으로 이 교재의 개발을 위해 최선의 노력을 기울여 주신 교재 개발진과 출판사 관계자 분들께 깊은 감사의 말씀을 드립니다.

2020년 12월
국립국어원장 소강춘

국내 체류 외국인의 수가 100만 명을 넘은 2007년을 기점으로 한국 사회는 다문화 사회의 도래를 대비하기 위해 제도적 준비를 해 왔습니다. 그중 이민 초기 정착 단계의 필수적인 지원 사항인 한국어 학습은 여러 부처에서 다양한 프로그램으로 운영되었는데, 2020년부터 법무부가 주관하는 사회통합프로그램으로 표준화되었습니다. 사회통합프로그램은 국내 체류 이민자를 대상으로 하는 '한국어와 한국문화', '한국사회이해' 교육 프로그램으로, 결혼 이민자와 근로자, 유학생 등 전문 인력, 중도 입국 자녀 등이 참여합니다. 2009년에 처음 시행된 이후 점점 성장하여, 현재 약 350개의 운영 기관에서 약 6만 명의 이민자들이 교육에 참여하고 있습니다.

이민자 대상의 한국어 교육에서 사회통합프로그램의 중요성이 커지면서 교육의 체계화와 효율화, 변화하는 사회 양상의 반영 등을 위해 교재 개발 연구가 진행되었고, 그 결과물이 ≪사회통합프로그램(KIIP) 한국어와 한국문화≫ 교재입니다. 이 교재의 특징은 다음과 같습니다.

첫째, 교재와 익힘책, 교사용 지도서, 기타 보조 자료로 구성되어 있습니다. 교실 수업에서 사용할 교재 이외에 교수·학습 효율성을 높이기 위해 학습 자료 일체를 개발하였습니다.

둘째, 교재는 사회통합프로그램 단계별 100시간 수업에 맞춰 구성했는데 이민자들이 한국 사회에 정착하는 과정에서 필요한 한국어와 한국문화 내용을 선정하여 살아있는 언어문화 교육이 되도록 했습니다. 특히 변화하는 한국 사회의 모습과 특징을 교재 전체에 다양한 소재로 사용했을 뿐만 아니라, 다양한 문화 주제를 통해 이민자들이 한국 사회를 이해하고 적응하는 데 도움을 주고자 했습니다. 그리고 결혼 이민자, 근로자, 유학생 등 전문 인력, 중도 입국 자녀들을 등장인물로 하여 한국 사람들과 함께 생각과 정보를 나누고, 공감하며 생활하는 모습을 담았습니다.

셋째, 익힘책은 이민자들이 자신의 학습 속도와 능력에 맞게 학습 내용을 복습하고 보완할 수 있도록 구성하였습니다. 교사들도 교실 상황에 맞춰서 융통성 있게 활용할 수 있을 것입니다.

넷째, 교사용 지도서와 기타 보조 자료는 교사들이 수업의 핵심 내용을 명료하게 파악하고 운용하도록 안내해 줄 것입니다. 또한 교사들의 필수적인 수업 준비 시간을 단축해 주는 대신에 교실 상황에 맞는 수업 설계에 시간을 투자할 수 있도록 도와줄 것입니다.

이민자용 한국어 교재는 단지 의사소통 능력을 길러 주는 역할만이 아니라 우리 사회의 진정한 '사회통합'을 이끄는 교재여야 합니다. 이 교재를 통해 이민자들의 사회통합프로그램 참여를 확대하고 교수·학습의 효율성을 높이기를 기대합니다. 또한 이민자의 사회 적응을 돕고 진정한 사회통합으로 나아가는 데 일조하기를 기대해 봅니다.

마지막으로 우리 사회 이민자 대상 한국어 교육을 위해 의미 있는 교재 개발 사업을 기획하고 지원해 주신 국립국어원 관계자 여러분께 감사드리며, 법무부 이민통합과 관계자분들께도 감사드립니다. 그리고 다양하고 새로운 시도를 통해 멋진 교재로 완성해 주신 하우 출판사 관계자분들께도 진심으로 감사드립니다. 원고를 고치고 다듬느라 오랫동안 소중한 일상을 돌보지 못한 연구진들께도 머리 숙여 감사의 마음을 전합니다.

2020년 12월
저자 대표 이미혜

일러두기

어휘

단원의 어휘 학습을 확인하고, 문장이나 대화 속에서 어휘 사용 능력을 기르도록 다양한 연습을 제시하였다.

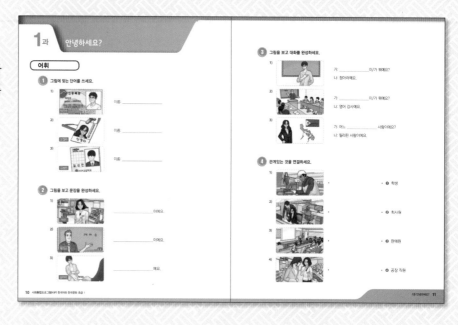

문법

단순한 형태 연습에서부터 문장, 대화 속에서 문법 사용 능력을 기르는 유의미한 연습까지 제시하였다. 교실 수업에서 문법 학습 시에 일부 활용할 것을 염두에 두고 구성하였다.

말하기와 듣기

- '말하기'는 대화문을 듣고 완성한 후에 반복해서 읽는 활동을 통해, 말하기 능력을 기르도록 하였다.

- '듣기'는 다양한 담화를 듣고 전체 내용, 세부 내용 등을 파악하는 활동으로, 교재의 듣기 활동과 유사한 유형으로 제시하였다.

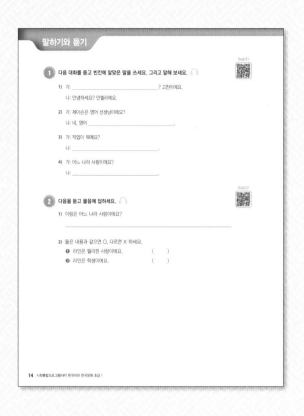

읽기와 쓰기

- '읽기'는 단원 주제와 관련된 다양한 자료를 읽고 이해하는 활동으로, 교재의 읽기 활동과 유사한 유형으로 제시하였다.

- '쓰기'는 통제된 쓰기, 유도된 쓰기로 구성하여 교사 도움 없이도 자신의 글을 모범 글과 비교하고 검토하도록 하였다.

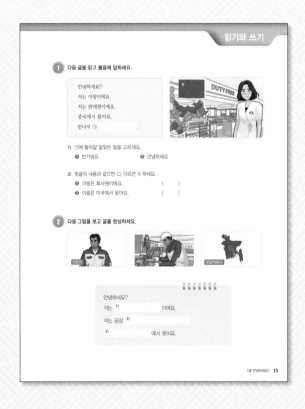

차례

교재 구성표

단원	단원명	주제	어휘	문법
1	안녕하세요?	인사와 소개	이름, 직업, 국적	명이에요/예요 명은/는
2	방에 책상이 있어요	사물	일상생활 사물, 장소①	명이/가 명에 있어요
3	한국어를 배워요	일상생활	기본 형용사, 기본 동사①	동형-어요 명을/를
4	라흐만 씨가 식당에 가요	장소	장소②	명에 가다 명에서
5	오늘은 5월 5일이에요	날짜와 요일	수①, 날짜, 요일	명에 명이/가 아니에요
6	9시부터 6시까지 일해요	하루 일과	수②, 기본 동사②	명부터 ~ 명까지 안 동형
7	김치찌개 하나 주세요	음식	음식, 식당 관련 표현	동-고 싶다 동-으세요
8	칫솔하고 치약을 삽니다	쇼핑	단위, 가격	명하고 명 동형-습니다, -습니까?
9	지난 주말에 친구를 만났어요	주말	주말 활동	동형-었- 명도
복습 1(1~9과)				
10	아버지는 요리를 잘하세요	가족	가족 관계, 높임말	동형-으시- 동형-지만
11	어버이날에 부모님께 꽃을 드려요	특별한 날	특별한 날 관련 어휘	명에게/한테/께 동-어 주다
12	이번 휴가에 뭐 할 거예요?	휴가 계획	휴일, 휴가 관련 어휘	동-을 거예요 동형-고(나열)
13	버스로 공항에 가요	교통	교통수단	명으로(수단) 동-으러 가다/오다
14	저녁 7시에 만날까요?	약속	약속 표현	동-을까요? 못 동
15	오늘 날씨가 정말 덥네요	날씨	계절, 날씨	동형-네요 명보다
16	배가 아파서 병원에 가요	병원	병원 어휘	동형-어서 동-는 것
17	사진을 찍지 마세요	공공장소	공공장소, 공공장소에서 하는 일	명으로(방향) 동-지 마세요
18	한국 생활은 조금 힘든데 재미있어요	한국 생활	한국 생활 관련 어휘	동형-지요? 동형-는데(대조)
복습 2(10~18과)				

활동	발음	문화와 정보
반 친구와 인사하기 자기소개 글 읽고 쓰기	이름이, 직업이, 필리핀 사람이에요	한국의 인사말 1
방 안 물건 이름 말하기 집 관련 정보 읽기	교실에, 없어요, 있어요	한국인의 이름
자신의 일상생활 말하기 일상생활 소개 글 읽고 쓰기	읽어요, 재미있어요, 많아요	한국의 인사말 2
장소 말하기 장소에서 하는 일 읽고 쓰기	극장에, 식당에서, 학교에	한국의 휴식 공간
날짜와 요일 말하기 명함 읽기	십이월, 금요일, 먹어요	유용한 전화번호
하루 일과 말하기 하루 일과 소개 글 읽고 쓰기	주말에, 몇 시부터, 저녁에	한국인의 일과 생활
음식 주문하기 메뉴판 읽기	앉으세요, 읽으세요, 먹고 싶어요	한국의 식사 예절
물건 사기 쇼핑 전단지 읽기	칫솔, 다섯 개, 닭, 닭고기	한국의 화폐
주말에 한 일 이야기하기 주말에 한 일 읽고 쓰기	만났어요, 재미있었어요, 샀어요	한국인의 주말 활동
가족 소개하기 가족 소개 글 읽고 쓰기	들으세요, 어떻게, 생신이에요	가족 호칭
특별한 날 소개하기 특별한 날의 경험 쓰기	만들어요, 축하해요, 어버이날이에요	한국의 국경일
휴가 계획 이야기하기 휴가 계획 글 읽고 쓰기	쉴 거예요, 마실 거예요, 갈 거예요	한국의 인기 여행지
교통편 묻고 답하기 행선지와 교통편 쓰기	어떻게, 버스 정류장, 지하철역	한국의 대중교통 수단
친구와 약속하기 약속 메시지 보내기	먹을까요?, 못 만나요, 못 먹어요	약속 장소
날씨 말하기 고향 날씨 소개 글 쓰기	작년, 춥네요, 피었네요	재난, 안전 안내 문자
아픈 친구에게 조언하기 아픈 이유 말하기	내과, 치과, 안과	한국의 병원
길 묻고 답하기 공공장소의 금지 표지 읽기	박물관, 못 만져요, 등록	한국의 공공 예절
한국 생활 정보 말하기 자신의 한국 생활에 대한 글 쓰기	아름답지요, 좋지요, 닫는데	한국어 줄임말

과 안녕하세요?

어휘

1 그림에 맞는 단어를 쓰세요.

1)

이름: _____

2)

이름: _____

3)

이름: _____

2 그림을 보고 문장을 완성하세요.

1)

_____이에요.

2)

_____이에요.

3)

_____예요.

3 그림을 보고 대화를 완성하세요.

1)

가: _____이/가 뭐예요?

나: 정아라예요.

2)

가: _____이/가 뭐예요?

나: 영어 강사예요.

3)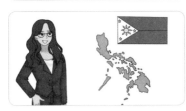

가: 어느 _____ 사람이에요?

나: 필리핀 사람이에요.

4 관계있는 것을 연결하세요.

1)

•   • ❶ 학생

2)

•   • ❷ 회사원

3)

•   • ❸ 판매원

4)

•   • ❹ 공장 직원

1 알맞은 것을 고르세요.

1) 이링(❶ 이에요, ❷ 예요).

2) 박민수(❶ 이에요, ❷ 예요).

3) 라흐만(❶ 이에요, ❷ 예요).

4) 안젤라(❶ 이에요, ❷ 예요).

2 그림을 보고 〈보기〉와 같이 문장을 완성하세요.

보기   라민이에요 .

1)

_____ .

2)

_____ .

3)

_____ .

4)
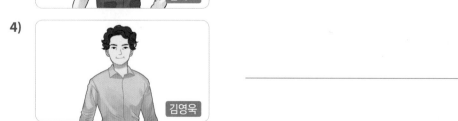
_____ .

1 알맞은 것을 고르세요.

1) 고천(❶은, ❷는) 주부예요.

2) 정아라(❶은, ❷는) 선생님이에요.

3) 직업(❶은, ❷는) 판매원이에요.

4) 저(❶은, ❷는) 중국 사람이에요.

2 그림을 보고 〈보기〉와 같이 대화를 완성하세요.

| 김성민 | 학생 |

가: 김성민은 학생이에요?

나: 네, <u>김성민은 학생이에요</u>.

1)

| 안젤라 | 회사원 |

가: 안젤라는 주부예요?

나: 아니요, _____.

2)

| 아나이스 | 학생 |

가: 아나이스는 영어 강사예요?

나: 아니요, _____.

3)

| 제이슨 | 미국 사람 |

가: 제이슨은 미국 사람이에요?

나: 네, _____.

4)

| 라민 | 이집트 사람 |

가: 라민은 방글라데시 사람이에요?

나: 아니요, _____.

Track 01

1 다음 대화를 듣고 빈칸에 알맞은 말을 쓰세요. 그리고 말해 보세요. 🎧

1) 가: _____? 고천이에요.

   나: 안녕하세요? 안젤라예요.

2) 가: 제이슨은 영어 선생님이에요?

   나: 네, 영어 _____.

3) 가: 직업이 뭐예요?

   나: _____.

4) 가: 어느 나라 사람이에요?

   나: _____.

Track 02

2 다음을 듣고 물음에 답하세요. 🎧

1) 이링은 어느 나라 사람이에요?

   _____

2) 들은 내용과 같으면 ○, 다르면 X 하세요.
   ❶ 라민은 필리핀 사람이에요.　　　　　(　　　)
   ❷ 라민은 학생이에요.　　　　　　　　(　　　)

1 다음 글을 읽고 물음에 답하세요.

안녕하세요?
저는 이링이에요.
저는 판매원이에요.
중국에서 왔어요.
만나서 ㉠ _____ .

1) ㉠에 들어갈 알맞은 말을 고르세요.

❶ 반가워요 ❷ 안녕하세요

2) 윗글의 내용과 같으면 ○, 다르면 X 하세요.

❶ 이링은 회사원이에요. (   )
❷ 이링은 미국에서 왔어요. (   )

2 다음 그림을 보고 글을 완성하세요.

라흐만   방글라데시

안녕하세요?
저는 1) _____ 이에요.
저는 공장 2) _____ .
3) _____ 에서 왔어요.

어휘

 관계있는 것을 연결하세요.

1)

2)

3)

4)

- ❶ 책
- ❷ 의자
- ❸ 시계
- ❹ 휴대 전화

2 그림을 보고 대화를 완성하세요.

1)

가: 여기는 어디예요?

나: _____이에요/예요.

2)

가: 여기는 어디예요?

나: _____이에요/예요.

3)

가: 여기는 어디예요?

나: _____이에요/예요.

4)

가: 여기는 어디예요?

나: _____이에요/예요.

3 그림에 맞는 단어를 쓰세요.

1)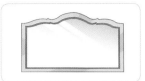

_____

2)

_____

3)

_____

4)

_____

4 그림을 보고 대화를 완성하세요.

1)

가: 여기는 어디예요?

나: _____이에요/예요.

2)

가: 여기는 어디예요?

나: _____이에요/예요.

3)

가: 이게 뭐예요?

나: _____이에요/예요.

4)

가: 뭐가 있어요?

나: _____이/가 있어요.

1 알맞은 것을 고르세요.

1) 가방(❶이, ❷가) 있어요.

2) 침대(❶이, ❷가) 있어요.

3) 모자(❶이, ❷가) 없어요.

4) 볼펜(❶이, ❷가) 없어요.

2 그림을 보고 〈보기〉와 같이 문장을 완성하세요.

보기

책상이 있어요.

1)

_____.

2)

_____.

3)

_____.

4)

_____.

1 그림을 보고 〈보기〉와 같이 대화를 완성하세요.

보기

가: 시계가 거실에 있어요?
나: 네, 거실에 있어요 .

1)

가: 수건이 화장실에 있어요?

나: 네, _____.

2)

가: 컵이 거실에 있어요?

나: 아니요, _____.

3)

가: 책이 회사에 있어요?

나: 아니요, _____.

2 그림을 보고 〈보기〉와 같이 대화를 완성하세요.

보기

가: 화장실에 뭐가 있어요?
나: 화장실에 거울이 있어요 .

1)

가: 부엌에 뭐가 있어요?

나: _____.

2)

가: 거실에 뭐가 있어요?

나: _____.

3)

가: 기숙사에 뭐가 있어요?

나: _____.

Track 03

1 다음 대화를 듣고 빈칸에 알맞은 말을 쓰세요. 그리고 말해 보세요. 🎧

1) 가: 볼펜이 있어요?

　나: 아니요, 볼펜이 _____.

2) 가: 기숙사에 _____ 있어요?

　나: 네, 있어요.

3) 가: _____ 소파가 있어요?

　나: 아니요, 소파가 없어요.

4) 가: 냉장고가 거실에 있어요?

　나: 아니요, _____.

Track 04

2 다음을 듣고 물음에 답하세요. 🎧

1) 교실에 시계가 있어요?

　_____

2) 들은 내용과 같으면 ○, 다르면 X 하세요.
　❶ 교실에 컴퓨터가 없어요.　　　　　(　　　)
　❷ 교실에 책상이 있어요.　　　　　　(　　　)

1 다음 글을 읽고 물음에 답하세요.

방에 침대가 있어요. 책상이 있어요. 의자가 있어요. 하지만 방에 텔레비전이 없어요. 텔레비전이 거실에 있어요.

1) 윗글의 내용과 같으면 ○, 다르면 X 하세요.
   ❶ 침대가 방에 있어요.　　　　　(　　)
   ❷ 책상이 거실에 있어요.　　　　(　　)

2) 텔레비전이 어디에 있어요?

_____

2 다음 그림을 보고 글을 완성하세요.

회사에 책상이 있어요. 1)　　　　　　　 있어요. 에어컨이 2)　　　　　　　 .

하지만 회사에 소파가 3)　　　　　　　 .

3과 한국어를 배워요

어휘

1 관계있는 것을 연결하세요.

1) 싸다 ·

2) 크다 ·

3) 맛있다 ·

4) 어렵다 ·

· ❶ 쉽다

· ❷ 맛없다

· ❸ 비싸다

· ❹ 작다

2 그림에 맞는 단어를 쓰세요.

1)

　　　　　　　　적다

2)

　　　　　　　　춥다

3)

　　　　　　　　재미없다

4)

　　　좋다

3 알맞은 것을 고르세요.

1) 책을 (❶ 읽다, ❷ 먹다)

2) 친구를 (❶ 사다, ❷ 만나다)

3) 방을 (❶ 마시다, ❷ 청소하다)

4) 고향 음식을 (❶ 일하다, ❷ 요리하다)

4 그림에 맞는 단어를 쓰세요.

1)

_____

2)

_____

3)

_____

4)

_____

1 다음 표를 완성하세요.

기본형	-아요/어요	기본형	-아요/어요
싸다	싸요	크다	커요
많다		적다	
좋다		맛있다	
★바쁘다		★예쁘다	
★아프다		★어렵다	

2 그림을 보고 〈보기〉와 같이 문장을 완성하세요.

보기

우산 작다

우산이 작아요.

1)
책 비싸다

_____.

2)
날씨 덥다

_____.

3)
드라마 재미있다

_____.

4)
슬기 아프다

_____.

1 알맞은 것을 고르세요.

1) 빵(❶을, ❷를) 먹어요.

2) 주스(❶을, ❷를) 마셔요.

3) 텔레비전(❶을, ❷를) 봐요.

4) 한국어(❶을, ❷를) 공부해요.

2 그림을 보고 〈보기〉와 같이 대화를 완성하세요.

보기

가: 라흐만은 지금 뭐 해요?

나: _옷을 사요_ .

1)

가: 아나이스는 지금 뭐 해요?

나: _____.

2)

가: 안젤라는 지금 뭐 해요?

나: _____.

3)

가: 슬기는 지금 뭐 해요?

나: _____.

4)

가: 김영욱은 지금 뭐 해요?

나: _____.

Track 05

1 다음 대화를 듣고 빈칸에 알맞은 말을 쓰세요. 그리고 말해 보세요. 🎧

1) 가: 가방이 작아요?

나: 아니요, _____.

2) 가: 안젤라 씨가 _____?

나: 네, 지금 일해요.

3) 가: 오늘 뭐 해요?

나: _____.

4) 가: 지금 뭐 해요?

나: 고향 _____.

Track 06

2 다음을 듣고 물음에 답하세요. 🎧

1) 고천 씨는 지금 뭐 해요?

_____

2) 들은 내용과 같으면 O, 다르면 X 하세요.

❶ 책이 재미있어요. ( )

❷ 성민은 지금 자요. ( )

다음 글을 읽고 물음에 답하세요.

> 후엔 씨가 거실에 있어요. 한국어를 공부해요. 한국어 공부가 재미있어요. 민수 씨가 방에 있어요. 방을 청소해요.

1) 윗글의 내용과 같은 것을 고르세요.

　❶ 후엔 씨가 방에 있어요.

　❷ 한국어 공부가 재미있어요.

　❸ 민수 씨가 부엌에 있어요.

2) 민수 씨가 뭐 해요?

2 **다음 그림을 보고 글을 완성하세요.**

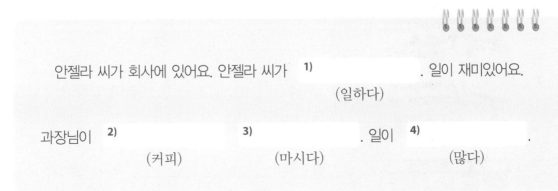

안젤라 씨가 회사에 있어요. 안젤라 씨가 1)_____. 일이 재미있어요.
　　　　　　　　　　　　　　　　　　　　　　　(일하다)

과장님이 2)_____ 3)_____. 일이 4)_____.
　　　　(커피)　　　　(마시다)　　　　　(많다)

어휘

1 관계있는 것을 연결하세요.

1)  · · ❶ 집

2)  · · ❷ 마트

3)  · · ❸ 병원

4)  · · ❹ 식당

2 그림을 보고 대화를 완성하세요.

1)
가: 여기는 어디예요?
나: _____이에요/예요.

2)
가: 여기는 어디예요?
나: _____이에요/예요.

3)
가: 근처에 _____이/가 있어요?
나: 네, 있어요.

4)
가: 집 근처에 _____이/가 있어요?
나: 네, 있어요.

3 그림에 맞는 단어를 쓰세요.

1)

_____

2)

_____

3)

_____

4)

_____

4 그림을 보고 대화를 완성하세요.

1)

가: 여기는 어디예요?

나: _____이에요/예요.

2)

가: 여기는 어디예요?

나: _____이에요/예요.

3)

가: 여기는 어디예요?

나: _____이에요/예요.

4)

가: 여기는 어디예요?

나: _____이에요/예요.

1 그림을 보고 〈보기〉와 같이 대화를 완성하세요.

보기

가: 지금 학교에 가요?

나: 네, 학교에 가요 .

1)

가: 지금 집에 가요?

나: 네, _____.

2)

가: 지금 회사에 가요?

나: 네, _____.

3)

가: 지금 어디에 가요?

나: _____.

4)

가: 지금 어디에 가요?

나: _____.

2 그림을 보고 〈보기〉와 같이 문장을 완성하세요.

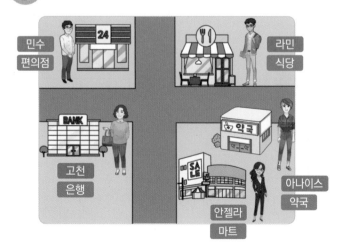

보기 민수 씨가 편의점에 가요 .

1) 라민 씨가 _____.

2) 고천 씨가 _____.

3) 안젤라 씨가 _____.

4) 아나이스 씨가 _____.

1 관계있는 것을 연결하고 문장을 완성하세요.

1) 서점 　•　　　　•　❶ 운동하다
2) 카페 　•　　　　•　❷ 책을 사다
3) 우체국 　•　　　　•　❸ 커피를 마시다
4) 헬스장 　•　　　　•　❹ 편지를 보내다

1) 안젤라 씨가 _____.

2) 잠시드 씨가 _____.

3) 라흐만 씨가 _____.

4) 후엔 씨가 _____.

2 그림을 보고 〈보기〉와 같이 대화를 완성하세요.

가: 아나이스 씨가 어디에서 영화를 봐요?
나: <u>영화관에서 영화를 봐요</u>.

1)

가: 제이슨 씨가 어디에서 친구를 만나요?
나: _____.

2)

가: 이링 씨가 어디에서 한국어를 공부해요?
나: _____.

3)

가: 라민 씨가 어디에서 게임을 해요?
나: _____.

4)

가: 고천 씨가 어디에서 텔레비전을 봐요?
나: _____.

Track 07

1 다음 대화를 듣고 빈칸에 알맞은 말을 쓰세요. 그리고 말해 보세요. 🎧

1) 가: 지금 어디에 가요?

   나: _____ 가요.

2) 가: 라민 씨는 어디에 가요?

   나: 라민 씨는 _____.

3) 가: 어디에서 운동해요?

   나: _____ 운동해요.

4) 가: 지금 뭐 해요?

   나: _____.

Track 08

2 다음을 듣고 물음에 답하세요. 🎧

1) 라흐만 씨가 어디에 가요?

   _____

2) 들은 내용과 같으면 ○, 다르면 X 하세요.

   ❶ 라흐만 씨가 사과를 사요.　　　　　(　　　)

   ❷ 라흐만 씨가 마트에서 옷을 사요.　　(　　　)

1 다음 글을 읽고 물음에 답하세요.

> 아나이스 씨는 오늘 영화관에 가요. 영화관에서 영화를 봐요. 아나이스 씨는 한국 영화를 좋아해요. 한국 영화는 아주 재미있어요.

1) 아나이스 씨는 오늘 어디에 가요?

_____

2) 윗글의 내용과 같으면 ○, 다르면 X 하세요.
   ❶ 아나이스 씨는 집에서 영화를 봐요.　　(　　　)
   ❷ 아나이스 씨는 한국 영화를 좋아해요.　　(　　　)

2 다음 메모를 참고하여 글을 완성하세요.

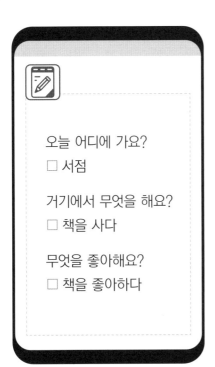

오늘 어디에 가요?
☐ 서점

거기에서 무엇을 해요?
☐ 책을 사다

무엇을 좋아해요?
☐ 책을 좋아하다

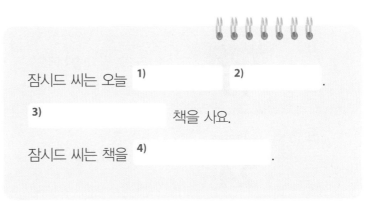

잠시드 씨는 오늘 **1)**〔　　　　〕 **2)**〔　　　　　〕.

3)〔　　　　　　　〕 책을 사요.

잠시드 씨는 책을 **4)**〔　　　　　　〕.

어휘

1 다음 숫자를 읽고 써 보세요.

0	1	2	3	4	5
	일				

6	7	8	9	10
				십

11	12	13	14	20
십일				

30	40	50	60	100

2 다음 그림을 보고 대화를 완성하세요.

1) FEBRUARY 2 **13**

가: 몇 월 며칠이에요?

나: _____.

2) JUNE 6 **24**

가: 몇 월 며칠이에요?

나: _____.

3) OCTOBER 10 **31**

가: 몇 월 며칠이에요?

나: _____.

4) AUGUST 8 **19**

가: 몇 월 며칠이에요?

나: _____.

3 〈보기〉에서 알맞은 것을 골라 빈칸에 쓰세요.

보기   수요일   금요일   일요일   지난주   다음 주

7월

1)	월요일	화요일	2)	목요일	3)	토요일
1	2	3	4	5	6	

| | | | | | | |
| 7 | 8 | 9 | 10 | 11 | 12 | 13 |

4)

| 14 | 15 | 16 | 17 오늘 | 18 | 19 | 20 |

이번 주

| 21 | 22 | 23 | 24 | 25 | 26 | 27 |

5)

| 28 | 29 | 30 | 31 | | | |

4 위의 그림을 보고 대화를 완성하세요.

1) 가: 어제는 무슨 요일이에요?

　　나: _____.

2) 가: 내일은 몇 월 며칠이에요?

　　나: _____.

3) 가: 다음 주 토요일은 몇 월 며칠이에요?

　　나: _____.

4) 가: 지난주 월요일은 몇 월 며칠이에요?

　　나: _____.

1 〈보기〉와 같이 대화를 완성하세요.

> 보기
> 가: 언제 친구를 만나요? (8월 4일)
> 나: _8월 4일에 친구를 만나요_ .

1) 가: 언제 영화를 봐요? (9월 26일)

   나: _____.

2) 가: 언제 수영을 배워요? (수요일)

   나: _____.

3) 가: 언제 선물을 사요? (친구 생일)

   나: _____.

4) 가: 언제 후엔 씨를 만나요? (한국어 수업 시간)

   나: _____.

2 그림을 보고 〈보기〉와 같이 대화를 완성하세요.

2월

일요일	월요일	화요일	수요일	목요일	금요일	토요일
	1	2	3	4	5	6 한국어 시험
7	8	9	10	11	12	13
14 생일 파티	15	16 고향	17	18	19	20 친구
21	22	23	24	25	26	27
28	29					

> 보기
> 가: 언제 고향에 가요?
> 나: _2월 16일에 가요_ .

1) 가: 언제 생일 파티를 해요?

   나: _____.

2) 가: 언제 한국어 시험을 봐요?

   나: _____.

3) 가: 언제 친구를 만나요?

   나: _____.

1 그림을 보고 대화를 완성하세요.

1)

가: 생일이 토요일이에요?

나: 아니요, _____. 금요일이에요.

2)

가: 언니가 학생이에요?

나: 아니요, _____. 회사원이에요.

3)

가: 아나이스 씨 집이 4층이에요?

나: 아니요, _____. 5층이에요.

2 〈보기〉와 같이 대화를 완성하세요.

> 보기
> 가: 이번 주가 시험이에요?
> 나: <u>이번 주가 아니에요</u>. <u>다음 주예요</u>. (이번 주 X, 다음 주 O)

1) 가: 후엔 씨 고향이 호치민이에요?

나: _____. _____. (호치민 X, 하노이 O)

2) 가: 내일이 목요일이에요?

나: _____. _____. (목요일 X, 수요일 O)

3) 가: 다음 주에 고향에 가요?

나: _____. _____. (다음 주 X, 다음 달 O)

4) 가: 전화번호가 010-211-1234예요?

나: _____. _____. (1234 X, 2134 O)

Track 09

1 다음 대화를 듣고 빈칸에 알맞은 말을 쓰세요. 그리고 말해 보세요. 🎧

1) 가: 생일이 _____?

   나: 생일은 오월 십육 일이에요.

2) 가: 이번 주 토요일이 생일이에요?

   나: 아니요, _____. 일요일이에요.

3) 가: _____ 뭐 해요?

   나: 친구를 만나요.

4) 가: 언제 학교에 가요?

   나: _____.

Track 10

2 다음을 듣고 물음에 답하세요. 🎧

1) 두 사람은 무엇에 대해 이야기해요?

   _____

2) 제이슨 씨 생일은 몇 월 며칠이에요?

   _____

3) 들은 내용과 같으면 ○, 다르면 X 하세요.

   ❶ 제이슨 씨 생일은 화요일이에요.   (   )

   ❷ 안젤라 씨 생일은 다음 주예요.   (   )

다음 글을 읽고 물음에 답하세요.

> 내일은 토요일이에요. 내일 우리 반은 한국어 시험이 있어요. 그래서 오늘은 도서관에서 공부를 해요. 이링 씨는 우리 반이 아니에요. 그래서 이링 씨는 내일 시험이 아니에요. 이링 씨는 다음 주 토요일에 시험을 봐요.

1) 오늘은 무슨 요일이에요?

_____

2) 윗글의 내용과 같으면 ◯, 다르면 X 하세요.

❶ 우리 반은 오늘 한국어 시험이에요.　　　(　　　)

❷ 이링 씨는 우리 반이 아니에요.　　　(　　　)

❸ 이링 씨는 내일 시험을 봐요.　　　(　　　)

2 **다음 '10월 계획'을 참고하여 글을 완성하세요.**

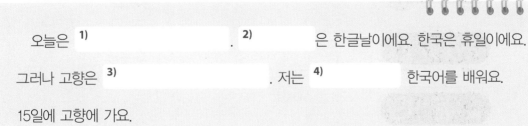

오늘은 **1)** _____. **2)** _____ 은 한글날이에요. 한국은 휴일이에요. 그러나 고향은 **3)** _____. 저는 **4)** _____ 한국어를 배워요. 15일에 고향에 가요.

어휘

1 다음 표를 완성하세요.

1	2	3	4	5	6	7
하나						

8	9	10	11	12	20	24
		열				

30	40	50	60	70	80	90

2 그림을 보고 〈보기〉와 같이 대화를 완성하세요.

보기

AM 8:15

가: 몇 시예요?
나: <u>오전 여덟 시 십오 분</u> 이에요.

1) AM 7:24

가: 몇 시예요?
나: _____이에요.

2) AM 9:52

가: 몇 시예요?
나: _____이에요.

3) PM 5:43

가: 몇 시예요?
나: _____이에요.

4) PM 10:30

가: 몇 시예요?
나: _____이에요.

5) AM 11:17

가: 몇 시예요?
나: _____이에요.

6) PM 12:45

가: 몇 시예요?
나: _____이에요.

3 〈보기〉에서 알맞은 것을 골라 문장을 완성하세요.

보기   만나다   일하다   일어나다   퇴근하다

1) 저는 편의점에서 _____.

2) 오늘은 일요일이에요. 오후 3시에 친구를 _____.

3) 저는 저녁 6시에 _____. 그리고 집에서 밥을 먹어요.

4) 저는 매일 아침 7시에 _____. 그리고 세수해요.

4 그림을 보고 〈보기〉에서 알맞은 것을 골라 대화를 완성하세요.

보기   입다   배우다   출근하다

1)

가: 라흐만 씨가 뭐 해요?

나: 라흐만 씨가 옷을 _____.

2)

가: 아나이스 씨가 7시에 뭐 해요?

나: 아나이스 씨가 7시에 한국어를 _____.

3)

가: 이링 씨가 몇 시에 _____?

나: 이링 씨가 8시에 _____.

1 그림을 보고 〈보기〉와 같이 문장을 완성하세요.

> 보기
>
> 라민 씨가 <u>오전 아홉 시부터 오후 한 시까지</u> 학교에서 공부해요.

1)

제이슨 씨가 _____ 집을 청소해요.

2)

후엔 씨가 _____ 책을 읽어요.

3)

슬기가 _____ 게임을 해요.

2 〈보기〉와 같이 대화를 완성하세요.

> 보기
>
> 가: 몇 시부터 몇 시까지 운동해요? (9시~10시)
>
> 나: <u>9시부터 10시까지</u> 운동해요.

1) 가: 언제 방학이에요? (7월~8월)

    나: _____ 방학이에요.

2) 가: 언제 수업이 있어요? (월요일~금요일)

    나: _____ 수업이 있어요.

3) 가: 오늘 몇 시부터 몇 시까지 친구를 만나요? (6시 30분~8시)

    나: _____ 친구를 만나요.

1 〈보기〉와 같이 대화를 완성하세요.

보기
> 가: 오늘 책을 읽어요?
> 나: 아니요, <u>책을 안 읽어요</u>.

1) 가: 텔레비전을 봐요?

　　나: 아니요, _____.

2) 가: 오늘 오후에 바빠요?

　　나: 아니요, _____.

3) 가: 배가 고파요?

　　나: 아니요, _____.

2 그림을 보고 대화를 완성하세요.

1)

친구를 만나다 X　　책을 읽다 O

가: 이링 씨가 오늘 친구를 만나요?

나: 아니요, _____.

_____.

2)

일하다 X　　집에서 텔레비전을 보다 O

가: 내일 일해요?

나: 아니요, _____.

_____.

3)

싸다 X　　비싸다 O

가: 신발이 싸요?

나: 아니요, _____.

_____.

4)

어렵다 X　　재미있다 O

가: 한국어 공부가 어려워요?

나: 아니요, _____.

_____.

Track 11

1 다음 대화를 듣고 빈칸에 알맞은 말을 쓰세요. 그리고 말해 보세요. 🎧

1) 가: 점심시간이 언제예요?

나: 점심시간은 _____.

2) 가: 언제 한국어 수업이 있어요?

나: _____ 한국어 수업이 있어요.

3) 가: 아침을 먹어요?

나: 아니요, 아침을 _____.

4) 가: 후엔 씨가 지금 운동해요?

나: 아니요, 지금 _____. 책을 읽어요.

Track 12

2 다음을 듣고 물음에 답하세요. 🎧

1) 두 사람은 언제 만나요?

_____

2) 들은 내용과 같으면 ○, 다르면 X 하세요.

❶ 이링 씨는 월요일에 일 안 해요. ( )

❷ 안젤라 씨는 월요일부터 토요일까지 일해요. ( )

❸ 두 사람은 한국어를 배워요. ( )

다음 글을 읽고 물음에 답하세요.

> 라민 씨는 아침 7시에 일어나요. 월요일부터 금요일까지 학교에 가요. 오전 9시부터 한국어 수업이 있어요. 주말에는 한국어 수업이 없어요. 학교에 안 가요. 주말에는 아침 9시에 일어나요. 아침 9시 반부터 11시까지 공원에서 운동해요. 오후 1시 반부터 3시까지 책을 읽어요. 집에 텔레비전이 없어요. 그래서 텔레비전을 안 봐요.

1) 라민 씨는 언제 학교에 가요?

_____

2) 윗글의 내용과 같으면 〇, 다르면 X 하세요.

❶ 라민 씨는 주말에 아침 일곱 시에 일어나요.　　（　　　）

❷ 라민 씨는 텔레비전을 안 봐요.　　（　　　）

❸ 라민 씨는 월요일 오전 아홉 시에 운동해요.　　（　　　）

2 다음 '하루 일과'를 참고하여 글을 완성하세요.

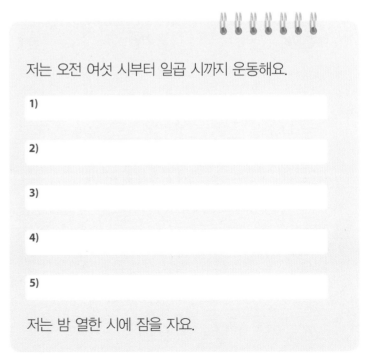

저는 오전 여섯 시부터 일곱 시까지 운동해요.

1)

2)

3)

4)

5)

저는 밤 열한 시에 잠을 자요.

7과 김치찌개 하나 주세요

어휘

1 관계있는 것을 연결하세요.

1) 한식집 ·

2) 일식집 ·

3) 분식집 ·

4) 중국집 ·

5) 이탈리아 식당 ·

· ❶ 떡볶이, 라면, 순대

· ❷ 피자, 스파게티, 샐러드

· ❸ 생선회, 초밥, 돈가스

· ❹ 짜장면, 만두, 탕수육

· ❺ 불고기, 비빔밥, 김치찌개

2 〈보기〉에서 알맞은 것을 골라 대화를 완성하세요.

| 보기 | 김밥 | 짬뽕 | 삼계탕 |

1) 가: 라흐만 씨는 무슨 음식을 좋아해요?

나: 저는 _____을/를 좋아해요. 그래서 중국집에 자주 가요.

2) 가: 아나이스 씨, 한국 음식을 좋아해요?

나: 네, 좋아해요. 저는 분식집에서 _____을/를 자주 먹어요.

3) 가: 후엔 씨는 무슨 음식을 자주 먹어요?

나: 저는 한식집에서 _____을/를 자주 먹어요.

3 관계있는 것을 연결하세요.

1)  ·

· ❶ 숟가락, 젓가락

2)  ·

· ❷ 반찬

3)  ·

· ❸ 메뉴

4) 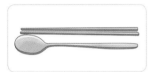 ·

· ❹ 그릇

4 그림을 보고 〈보기〉에서 알맞은 것을 골라 대화를 완성하세요.

보기 　　　　　 주문하다 　　　　 기다리다 　　　　 이름을 쓰다

1)

가: 잠시드 씨가 뭐 해요?

나: 잠시드 씨가 음식을＿＿＿＿＿＿＿＿＿＿＿＿＿.

2)

가: 후엔 씨가 뭐 해요?

나: 후엔 씨가 식당에서＿＿＿＿＿＿＿＿＿＿＿＿＿.

3)

가: 안젤라 씨가 뭐 해요?

나: 안젤라 씨가＿＿＿＿＿＿＿＿＿＿＿＿＿＿＿＿.

1 다음 표를 완성하세요.

기본형	-고 싶다	기본형	-고 싶다
가다	가고 싶다	먹다	먹고 싶다
오다		읽다	
보다		듣다	
사다		운동하다	운동하고 싶다
만나다		공부하다	

2 그림을 보고 〈보기〉와 같이 대화를 완성하세요.

보기
가: 주말에 뭐 하고 싶어요?
나: 저는 영화를 <u>보고 싶어요</u> . (보다)

1)
가: 주말에 뭐 하고 싶어요?
나: 저는 책을 ＿＿＿＿＿＿＿＿＿＿＿＿. (읽다)

2)
가: 주말에 뭐 하고 싶어요?
나: 저는 음악을 ＿＿＿＿＿＿＿＿＿＿＿. (듣다)

3)
가: 주말에 뭐 하고 싶어요?
나: 저는 옷을 ＿＿＿＿＿＿＿＿＿＿＿＿. (사다)

4)
가: 뭐 ＿＿＿＿＿＿＿＿＿＿＿? (먹다)
나: 불고기를 ＿＿＿＿＿＿＿＿＿＿＿.

5)
가: 오늘 저녁에 뭐를 ＿＿＿＿＿＿＿＿＿＿? (만들다)
나: 저는 김밥을 ＿＿＿＿＿＿＿＿＿＿.

1 다음 표를 완성하세요.

기본형	–으세요/세요	기본형	–으세요/세요
가다	가세요	입다	입으세요
오다		주문하다	주문하세요
쓰다		전화하다	
주다		★듣다	
읽다	읽으세요	★만들다	

2 〈보기〉와 같이 대화를 완성하세요.

> 보기
>
> 가: 어서 오세요. 뭐 드릴까요?
> 나: 삼계탕 하나 __주세요__ . (주다)

1) 가: 자리가 있어요?

　　나: 네, 저기에 ＿＿＿＿＿＿＿＿＿＿＿＿＿＿. (앉다)

2) 가: 이것을 공책에 ＿＿＿＿＿＿＿＿＿＿＿＿＿. (쓰다)

　　나: 네, 알겠습니다.

3) 가: 지금 어디에 있어요? 빨리 ＿＿＿＿＿＿＿＿＿＿＿＿＿. (오다)

　　나: 네, 알겠습니다.

4) 가: 손님이 많아요. 여기에서 잠깐만 ＿＿＿＿＿＿＿＿＿＿＿＿. (기다리다)

　　나: 네, 알겠습니다.

Track 13

1 다음 대화를 듣고 빈칸에 알맞은 말을 쓰세요. 그리고 말해 보세요. 🎧

1) 가: 여기 반찬 좀 더 _____.

나: 네, 알겠습니다.

2) 가: 라흐만 씨, 이번 주말에 우리 집에 _____.

나: 네, 좋아요.

3) 가: 오늘 뭐 하고 싶어요?

나: 저는 영화를 _____.

4) 가: 방학에 어디에 가고 싶어요?

나: 저는 방학에 _____.

Track 14

2 다음을 듣고 물음에 답하세요. 🎧

1) 두 사람은 어느 식당에 있어요?

_____

2) 들은 내용과 같으면 ○, 다르면 X 하세요.

❶ 라민 씨는 김밥을 주문해요.　　　　（　　　）

❷ 이 식당에 지금 떡볶이가 없어요.　　　（　　　）

❸ 아나이스 씨는 라면을 먹고 싶어요.　（　　　）

1 다음 글을 읽고 물음에 답하세요.

집 앞에는 한식집이 있어요. 한식집에서는 김치찌개, 된장찌개, 불고기, 삼계탕을 팔아요. 아주 맛있어요. 저는 한국 음식을 좋아해요. 오늘은 불고기를 먹고 싶어요. 그래서 이 식당에서 주문해요.

우리 집 식당

한국 음식을 좋아해요?
우리 집 식당에서 주문하세요.

전화번호
02) 2711-8282

김치찌개 6,000원   삼계탕 8,000원
된장찌개 6,000원   불고기 10,000원

1) 이 식당에서 무엇을 팔아요?

_____

2) 윗글의 내용과 같으면 ○, 다르면 X 하세요.

❶ 이 식당은 집 앞에 있어요.   (   )

❷ 김치찌개는 팔천 원이에요.   (   )

❸ 이 사람은 오늘 불고기를 먹고 싶어요. (   )

2 다음 '식당의 메뉴'를 참고하여 글을 완성하세요.

한식집	중식집 ✓	분식집	일식집
삼계탕	짜장면 ✓	김밥	생선회
불고기	짬뽕	순대	우동
비빔밥	만두 ✓	떡볶이	초밥
된장찌개	탕수육	라면	돈가스

무엇을 좋아해요?
☐ 짜장면, 만두

오늘 뭐 먹고 싶어요?
☐ 짜장면

오늘 어디에 가요?
☐ 중식집

회사 앞에 한식집, 중식집, 분식집, 일식집이 있어요.

저는 **1)** _____ 을/를 좋아해요. 아주

맛있어요. 오늘은 짜장면을 **2)** _____ . 그래서

중식집 **3)** _____ .

8과 칫솔하고 치약을 삽니다

어휘

1 관계있는 것을 연결하세요.

1) 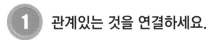 2) 3) 4) 5)

❶ 명 ❷ 권 ❸ 개 ❹ 장 ❺ 마리

2 그림을 보고 〈보기〉와 같이 문장을 완성하세요.

> 보기  커피가 <u>세 잔</u> 있어요.

1)  케이크가 _____ 있어요.

2)  책상에 책이 _____ 있어요.

3)  _____.

4)  _____.

3 〈보기〉와 같이 읽어 보세요.

보기 5,873원   __오천팔백칠십삼__ 원이에요.

1) 2,538원   _____ 원이에요.

2) 13,260원   _____ 원이에요.

3) 794,850원   _____ 원이에요.

4) 2,357,940원   _____ 원이에요.

5) 32,689,900원   _____ 원이에요.

4 그림을 보고 〈보기〉와 같이 대화를 완성하세요.

보기 8,900원   가: 사과가 얼마예요?
나: __팔천구백__ 원이에요.

1) 17,350원   가: 책이 얼마예요?
나: _____ 원이에요.

2) 542,690원   가: 휴대 전화가 얼마예요?
나: _____ 원이에요.

3) 243,750원   가: 청소기가 얼마예요?
나: _____ 원이에요.

1 그림을 보고 〈보기〉와 같이 문장을 완성하세요.

보기

책 한 권하고 영화표 두 장 이 있어요.

1) _____이/가 있어요.

2) _____이/가 있어요.

3) _____이/가 있어요.

2 그림을 보고 〈보기〉와 같이 대화를 완성하세요.

보기

가: 무엇을 드릴까요?
나: 커피 한 잔하고 케이크 한 조각 주세요.

1)
가: 탁자에 뭐가 있어요?
나: 탁자에 _____이/가 있어요.

2)
가: 책상에 뭐가 있어요?
나: 책상에 _____이/가 있어요.

3)
가: 마트에서 무엇을 사요?
나: 마트에서 _____을/를 사요.

1 다음 표를 완성하세요.

기본형	-습니다/ㅂ니다	-습니까/ㅂ니까?	기본형	-습니다/ㅂ니다	-습니까/ㅂ니까?
먹다		먹습니까?	좋다	좋습니다	
읽다			가볍다		
듣다			맛있다		
가다	갑니다		싸다		
★팔다			★살다		

2 〈보기〉와 같이 대화를 완성하세요.

보기

가: 사과가 <u>맛있습니까</u>? (맛있다)
나: 네. <u>맛있습니다</u>.

1)

가: 텔레비전이 ＿＿＿＿＿＿＿＿＿＿＿? (비싸다)
나: 네, ＿＿＿＿＿＿＿＿＿＿＿.

2)

가: 책이 ＿＿＿＿＿＿＿＿＿＿＿? (재미있다)
나: 네, ＿＿＿＿＿＿＿＿＿＿＿.

3)

가: 무엇을 ＿＿＿＿＿＿＿＿＿＿＿? (먹다)
나: 빵을 ＿＿＿＿＿＿＿＿＿＿＿.

4)

가: 김치찌개를 ＿＿＿＿＿＿＿＿＿＿＿? (팔다)
나: 네, ＿＿＿＿＿＿＿＿＿＿＿.

Track 15

1 다음 대화를 듣고 빈칸에 알맞은 말을 쓰세요. 그리고 말해 보세요. 🎧

1) 가: 어서 오세요. 무엇을 드릴까요?

나: _____ 주세요.

2) 가: 이 컴퓨터는 얼마예요?

나: _____.

3) 가: 이 수박은 맛있습니까?

나: 네, _____.

4) 가: 교실에 학생이 몇 명 있습니까?

나: 학생이 _____.

Track 16

2 다음을 듣고 물음에 답하세요. 🎧

1) 안젤라 씨는 무엇을 사요?

_____

2) 들은 내용과 같으면 ○, 다르면 X 하세요.

❶ 이 가게에는 빵이 없어요.　　　　(　　　)

❷ 모두 구천칠백 원이에요.　　　　(　　　)

❸ 안젤라 씨는 케이크를 사고 싶어요.　(　　　)

1 다음 글을 읽고 물음에 답하세요.

> 회사 앞에 마트가 있습니다. 이 마트는 물건이 많습니다. 그리고 쌉니다. 저는 마트에서 과일하고 라면을 자주 삽니다. 사과 한 개에 1,000원입니다. 라면은 한 개에 500원입니다. 라면 다섯 개는 2,000원입니다. 저는 이 마트가 좋습니다.

1) 이 사람은 마트에서 무엇을 자주 사요?

_____

2) 윗글의 내용과 같으면 ○, 다르면 X 하세요.

❶ 사과는 한 개에 천 원이에요.   (   )

❷ 라면은 다섯 개에 이천오백 원이에요.   (   )

❸ 마트는 학교 앞에 있어요.   (   )

2 다음은 쇼핑에 대한 글이에요. 글을 완성하세요.

> 집 앞에 편의점이 있습니다. 저는 편의점에 자주 **1)**_____. 저는 빵을
> (가다)
>
> **2)**_____. 그래서 편의점에서 빵하고 주스를 **3)**_____. 빵은 한 개에
> (좋아하다)   (사다)
>
> **4)**_____. 주스는 두 병에 **5)**_____. 오후에 빵을 **6)**_____.
> (1,000원)   (3,000원)   (먹다)
>
> 그리고 주스를 **7)**_____. 빵하고 주스는 **8)**_____.
> (마시다)   (맛있다)

9과 지난 주말에 친구를 만났어요

어휘

1 관계있는 것을 연결하세요.

1)  ・

2)  ・

3)  ・

4)  ・

・ ❶ 산책하다

・ ❷ 집에서 쉬다

・ ❸ 청소를 하다

・ ❹ 빨래를 하다

2 〈보기〉에서 알맞은 것을 골라 대화를 완성하세요.

> **보기**　　축구를 하다　　　산에 가다　　　친구를 만나다　　　아르바이트를 하다

1) 가: 일요일에는 집에서 쉬어요?

　　나: 아니요, 고향 친구들하고 운동장에서 매주 _____.

2) 가: 커피숍에서 몇 시부터 몇 시까지 _____?

　　나: 오후 3시부터 7시까지 해요.

3) 가: 고천 씨는 등산을 좋아해요?

　　나: 네, 좋아해요. 그래서 주말에 자주 _____.

4) 가: 주말에 보통 뭐 해요?

　　나: _____. 그리고 같이 한국어를 공부해요.

3 관계있는 것을 연결하세요.

1)

         •   • ❶ 전화를 받다

2)

         •   • ❷ 공놀이를 하다

3)

         •   • ❸ 텔레비전을 보다

4)

         •   • ❹ 차를 마시다

4 〈보기〉에서 알맞은 것을 골라 대화를 완성하세요.

> **보기**   쇼핑하다   과일을 사다   이야기를 하다   공놀이를 하다

1) 가: 지난 주말에 백화점에서 뭐 했어요?

    나: 동생하고 같이 _____. 그리고 저녁을 먹었어요.

2) 가: 어제 시장에서 신발을 샀어요?

    나: 아니요, _____.

3) 가: 아까 카페에서 친구하고 차를 마셨어요?

    나: 네, 그리고 _____.

4) 가: 오늘 공원에서 친구하고 자전거를 탔어요?

    나: 아니요, _____.

1 다음 표를 완성하세요.

기본형	-았/었/했어요	기본형	-았/었/했어요
먹다	먹었어요	만나다	만났어요
읽다		보다	
작다		산책하다	산책했어요
재미있다		★예쁘다	예뻤어요

2 그림을 보고 〈보기〉와 같이 대화를 완성하세요.

보기

가: 일요일에 뭐 했어요?
나: 영화관에서 <u>영화를 봤어요</u>.

1)

가: 어제 집에서 뭐 했어요?
나: _____.

2)

가: 지난 주말에 뭐 했어요?
나: 친구하고 _____.

3)

가: 어제 영화가 재미있었어요?
나: 아니요, _____.

4)

가: 라민 씨, 중학생 때 키가 컸어요?
나: 아니요, 키가 _____.

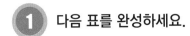

1 다음 표를 완성하세요.

기본형	도	기본형	도
과일	과일도	빨래	빨래도
신발		청소	
운동		숙제	
라면	라면도	친구	친구도

2 〈보기〉와 같이 대화를 완성하세요.

> 보기
> 가: 무슨 운동을 좋아해요?
> 나: 배드민턴을 좋아해요. <u>축구도 좋아해요</u>. (축구를 좋아하다)

1) 가: 어제 분식집에서 뭐 먹었어요?

　 나: 김밥을 먹었어요. _____. (라면을 먹다)

2) 가: 일요일에 집에서 뭐 했어요?

　 나: 청소를 했어요. _____. (빨래를 하다)

3) 가: 오늘 카페에서 누구를 만났어요?

　 나: 수지 씨를 만났어요. _____. (흐엉 씨를 만나다)

4) 가: 아까 마트에서 뭐 샀어요?

　 나: 과일을 샀어요. _____. (계란을 사다)

Track 17

1 다음 대화를 듣고 빈칸에 알맞은 말을 쓰세요. 그리고 말해 보세요. 🎧

1) 가: 잠시드 씨, 일요일에 뭐 했어요?

　　나: 집에서 ＿＿＿＿＿＿＿＿＿＿＿＿＿＿＿. 텔레비전도 봤어요.

2) 가: 안젤라 씨는 무슨 운동을 좋아해요?

　　나: 수영을 좋아해요. ＿＿＿＿＿＿＿＿＿＿＿＿＿.

3) 가: 주말에 스티브 씨를 만났어요?

　　나: 네, 스티브 씨를 만났어요. ＿＿＿＿＿＿＿＿＿＿＿＿＿.

4) 가: 토요일에 ＿＿＿＿＿＿＿＿＿＿＿＿＿＿?

　　나: 아니요, 아르바이트를 안 했어요. 친구를 만났어요.

Track 18

2 다음을 듣고 물음에 답하세요. 🎧

1) 히에우 씨는 주말에 무엇을 했어요?

＿＿＿＿＿＿＿＿＿＿＿＿＿＿＿＿＿＿＿＿＿＿＿＿＿＿＿＿＿＿

2) 들은 내용과 같으면 ◯, 다르면 X 하세요.

❶ 안젤라 씨는 주말에 백화점에 갔습니다.　　　　（　　　）

❷ 안젤라 씨는 주말에 옷을 샀습니다.　　　　　　（　　　）

❸ 히에우 씨는 친구 생일 선물을 샀습니다.　　　（　　　）

1 다음 글을 읽고 물음에 답하세요.

> 오늘은 내 생일입니다. 오전 열한 시에 시내에서 친구를 만났습니다. 그리고 이탈리아 식당에 갔습니다. 우리는 피자하고 스파게티를 먹었습니다. 커피도 마셨습니다. 식당에서 친구가 생일 선물을 주었습니다. 정말 고마웠습니다. 점심 식사 후에 영화관에서 영화를 봤습니다. 저녁 일곱 시쯤 집에 왔습니다. 조금 피곤했습니다. 그래서 집에서 쉬었습니다.

1) 이 사람은 오늘 무엇을 했습니까? 시간 순서대로 번호를 쓰세요.

(   ) → (   ) → (   ) → (   )

❶ 영화를 봤습니다.   ❷ 집에서 쉬었습니다.

❸ 이탈리아 식당에 갔습니다.   ❹ 시내에서 친구를 만났습니다.

2) 윗글의 내용과 같은 것을 고르세요.

❶ 11시에 친구를 만났습니다.   ❷ 식당에서 친구를 만났습니다.

❸ 커피숍에서 커피를 마셨습니다.   ❹ 영화관에서 친구가 선물을 주었습니다.

2 다음은 '라민 씨의 일기'예요. 글을 완성하세요.

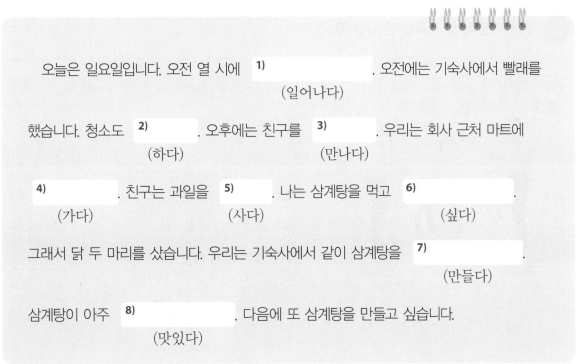

오늘은 일요일입니다. 오전 열 시에 **1)** _____. 오전에는 기숙사에서 빨래를
(일어나다)

했습니다. 청소도 **2)** _____. 오후에는 친구를 **3)** _____. 우리는 회사 근처 마트에
(하다)   (만나다)

4) _____. 친구는 과일을 **5)** _____. 나는 삼계탕을 먹고 **6)** _____.
(가다)   (사다)   (싶다)

그래서 닭 두 마리를 샀습니다. 우리는 기숙사에서 같이 삼계탕을 **7)** _____.
(만들다)

삼계탕이 아주 **8)** _____. 다음에 또 삼계탕을 만들고 싶습니다.
(맛있다)

10과 아버지는 요리를 잘하세요

어휘

1 〈보기〉에서 알맞은 것을 골라 빈칸에 쓰세요.

보기	언니	오빠	형	누나	여동생	남동생

1) 30세 2) 27세 나 23세 3) 20세 4) 17세

5) 30세 6) 27세 나 23세 7) 22세 8) 20세

2 다음 그림을 보고 글을 완성하세요.

(대학생, 26세) (경찰관, 56세) (회사원, 59세) (회사원, 30세)
나 어머니 아버지 형

누나 (선생님, 33세) 할머니 (75세) 여동생 (고등학생, 18세)

우리 가족은 할머니, 아버지, 어머니, 누나, 저 그리고 여동생이 있습니다. 1) _____ 은/는 일흔다섯 살입니다. 2) _____ 은/는 쉰아홉 살입니다. 회사원입니다. 3) _____ 은/는 쉰여섯 살입니다. 경찰관입니다. 4) _____ 은/는 서른세 살입니다. 고등학교 선생님입니다. 5) _____ 은/는 서른 살입니다. 회사원입니다. 저는 스물여섯 살입니다. 대학생입니다. 6) _____ 은/는 열여덟 살입니다. 고등학생입니다.

3 관계있는 것을 연결하세요.

1) 이름 •　　　　　　　　　• ❶ 연세

2) 나이 •　　　　　　　　　• ❷ 성함

3) 생일 •　　　　　　　　　• ❸ 분

4) 사람/명 •　　　　　　　　• ❹ 생신

4 〈보기〉에서 알맞은 것을 골라 대화를 완성하세요.

> 보기　　　계시다　　　드시다　　　주무시다　　　돌아가시다

1) 가: 고천 씨 가족들은 어디에 있어요?

　　나: 언니하고 저는 한국에 있어요. 부모님은 중국에 _____.

2) 가: 민수 씨는 할아버지하고 같이 살아요?

　　나: 작년에 같이 살았어요. 그런데 올해 _____.

3) 가: 할머니는 지금 텔레비전을 보세요?

　　나: 아니요, 지금 방에서 _____.

4) 가: 저는 아침에 라면을 먹어요.

　　나: 그래요? 우리 아버지도 아침에 라면을 _____.

1 다음 표를 완성하세요.

기본형	-으시/시-	기본형	-으시/시-
읽다	읽으시다	쉬다	쉬시다
많다		좋아하다	
만나다		바쁘다	
★살다		크다	크시다

2 그림을 보고 〈보기〉와 같이 대화를 완성하세요.

가: 아버지가 지금 뭐 하세요?
나: 집에서 쉬세요 .

1)

가: 할아버지가 지금 뭐 하세요?
나: 할아버지가 책을 _____.

2)

가: 외할아버지가 어제 뭐 하셨어요?
나: 공원에서 _____.

3)

언니(X)
오빠(O)

가: 고천 씨는 언니가 _____?
나: 없어요. 오빠가 한 명 있어요.

4)

183cm 165cm

가: 제이슨 씨 아버지도 키가 크세요?
나: 아니요, 아버지는 키가 _____.

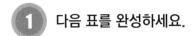

1 다음 표를 완성하세요.

기본형	-지만	기본형	-지만
먹다		가다	가지만
읽다		좋아하다	
많다		크다	
작다		바쁘다	바쁘지만

2 〈보기〉와 같이 문장을 바꾸어 보세요.

> **보기**　여동생은 있다/남동생은 없다
>
> ⇨ 여동생은 <u>있지만</u> 남동생은 없어요.

1) 언니는 축구를 좋아하다/오빠는 축구를 안 좋아하다

⇨ 언니는 축구를 ＿＿＿＿＿＿＿＿＿＿＿＿＿＿＿＿＿ 오빠는 축구를 안 좋아해요.

2) 저는 한국에서 살다/부모님은 프랑스에서 살다

⇨ 저는 한국에서 ＿＿＿＿＿＿＿＿＿＿＿＿＿＿＿ 부모님은 프랑스에서 사세요.

3) 불고기는 맛있다/불고기는 비싸다

⇨ 불고기는 ＿＿＿＿＿＿＿＿＿＿＿＿＿＿＿ 비싸요.

4) 어제는 바쁘다/오늘은 안 바쁘다

⇨ 어제는 ＿＿＿＿＿＿＿＿＿＿＿＿＿＿＿ 오늘은 안 바빠요.

Track 19

1 다음 대화를 듣고 빈칸에 알맞은 말을 쓰세요. 그리고 말해 보세요. 🎧

1) 가: 잠시드 씨 아버지는 _____ 어떻게 되세요?

　　나: 올해 일흔 살이세요.

2) 가: 아나이스 씨는 가족이 몇 명이에요?

　　나: 여섯 명이에요. _____ 저, 그리고 남동생이 있어요.

3) 가: 이링 씨는 언니하고 오빠가 있어요?

　　나: 언니는 _____ 오빠는 없어요.

4) 가: 라민 씨 할머니는 부모님하고 같이 _____?

　　나: 아니요, 할머니는 혼자 사세요.

Track 20

2 다음을 듣고 물음에 답하세요. 🎧

1) 두 사람은 지금 무엇을 봐요?

_____

2) 들은 내용과 같으면 ○, 다르면 X 하세요.

❶ 할아버지는 75세이십니다.　　(　)

❷ 할아버지는 멋있으십니다.　　(　)

❸ 할아버지는 요즘 일을 하십니다.　　(　)

1 다음 글을 읽고 물음에 답하세요.

> 아나이스 씨 가족은 모두 일곱 명입니다. 할아버지하고 할머니, 부모님이 계십니다. 그리고 오빠하고 남동생이 있습니다. 가족들은 모두 프랑스에서 살지만 아나이스 씨는 한국에서 삽니다. 아버지는 은행원이십니다. 어머니는 초등학교 선생님이십니다. 어머니는 아주 친절하십니다. 그래서 학생들이 어머니를 좋아합니다. 오빠는 간호사입니다. 병원에서 일을 합니다. 남동생은 고등학생입니다. 남동생은 운동을 아주 좋아합니다. 아나이스 씨는 매일 가족이 보고 싶습니다.

1) 아나이스 씨 가족은 모두 몇 명입니까?

_____

2) 윗글의 내용과 같은 것을 고르세요.

❶ 아나이스 씨는 언니와 남동생이 있습니다.　　❷ 아나이스 씨 어머니는 은행원이십니다.

❸ 아나이스 씨 오빠는 의사입니다.　　❹ 아나이스 씨 동생은 운동을 좋아합니다.

2 다음은 히에우 씨의 가족 소개 글이에요. 글을 완성하세요.

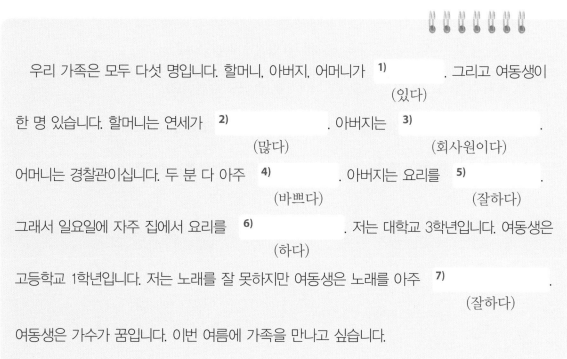

> 우리 가족은 모두 다섯 명입니다. 할머니, 아버지, 어머니가 **1)** _____ . 그리고 여동생이
> (있다)
>
> 한 명 있습니다. 할머니는 연세가 **2)** _____ . 아버지는 **3)** _____ .
> (많다)　　　　　　　　　　　　　　　　(회사원이다)
>
> 어머니는 경찰관이십니다. 두 분 다 아주 **4)** _____ . 아버지는 요리를 **5)** _____ .
> (바쁘다)　　　　　　　　　　(잘하다)
>
> 그래서 일요일에 자주 집에서 요리를 **6)** _____ . 저는 대학교 3학년입니다. 여동생은
> (하다)
>
> 고등학교 1학년입니다. 저는 노래를 잘 못하지만 여동생은 노래를 아주 **7)** _____ .
> (잘하다)
>
> 여동생은 가수가 꿈입니다. 이번 여름에 가족을 만나고 싶습니다.

11과 어버이날에 부모님께 꽃을 드려요

어휘

 1 〈보기〉에서 알맞은 것을 골라 문장을 완성하세요.

| 보기 | 이메일 | 초대 | 생일 | 축하 노래 | 케이크 |

1) 어제는 제 _____이었어요/였어요. 친구들과 파티를 했어요.

2) 제 생일에 친구들과 같이 _____을/를 먹었어요.

3) 고향 친구에게 컴퓨터로 _____을/를 보내요.

4) 누가 수진 씨 결혼식에 _____을/를 받았어요?

5) 아버지 생신에 가족들이 함께 _____을/를 불렀어요.

2 다음 문장에 알맞은 것을 고르세요.

1) 이링 씨 생일이에요. 이링 씨가 선물을 (❶ 받아요 ❷ 보내요).

2) 친구가 결혼해요. 저는 친구의 초대를 (❶ 했어요 ❷ 받았어요).

3) 슬기가 말해요. 후엔 씨가 슬기의 이야기를 (❶ 해요 ❷ 들어요).

4) 저는 언니의 선물을 받았어요. 언니는 신발을 (❶ 했어요 ❷ 주었어요).

5) 어머니는 고향에 계세요. 저는 매일 어머니와 전화를 (❶ 해요 ❷ 받아요).

3 그림을 보고 대화를 완성하세요.

1)

가: 잠시드 씨, 결혼을 _____.

나: 결혼식에 와 주셔서 고맙습니다.

❶ 축하해요 　　　　　　❷ 반가워요

2)

가: 선생님, 가르쳐 주셔서 _____.

나: 여러분도 열심히 공부해 줘서 고마워요.

❶ 미안합니다 　　　　　　❷ 감사합니다

3)

가: 고등학교 졸업을 _____.

나: 감사해요.

❶ 고마워요 　　　　　　❷ 축하해요

4 〈보기〉에서 알맞은 것을 골라 문장을 완성하세요.

| 보기 | 결혼식 | 어버이날 | 어린이날 | 생신 |

1) 5월 8일은 _____이에요. 부모님께 카네이션을 달아 드렸어요.

2) 어제는 아버지 _____이었어요. 가족들과 식사를 했어요.

3) _____에 아이에게 장난감을 선물해 주었어요.

4) 다음 주 토요일은 친구 _____이에요. 저도 결혼식장에 가고 싶어요.

1 다음 문장에 알맞은 것을 고르세요.

1) 친구가 나(❶ 에게, ❷ 께, ❸ 에서) 전화를 했어요.

2) 저는 어머니(❶ 께, ❷ 하고, ❸ 에) 꽃을 드렸어요.

3) 제 친구들이 할아버지(❶ 는, ❷ 께, ❸ 도) 인사를 했어요.

4) 동생(❶ 한테, ❷ 께, ❸ 에) 생일 선물을 주었어요.

2 그림을 보고 〈보기〉와 같이 대화를 완성하세요.

보기

가: 누구에게 꽃을 주었어요?
나: <u>여자 친구에게 꽃을 주었어요</u>.

1)

가: 누구에게 택배를 보냈어요?
나: _____.

2)

가: 누구에게 케이크를 주었어요?
나: _____.

3)

가: 누구한테 카드를 써요?
나: _____.

4)

가: 누구한테 전화해요?
나: _____.

1 다음 표를 완성하세요.

기본형	-아 주다/어 주다	기본형	-아 주다/어 주다
가다	가 주다	열다	
읽다		청소하다	
쓰다		가르치다	가르쳐 주다
세우다		만들다	

2 〈보기〉와 같이 대화를 완성하세요.

> 보기
> 가: 기사님, 학교 앞에서 __세워 주세요__ . (세우다)
> 나: 네, 알겠습니다.

1) 가: 여러분, 지금도 많이 더워요?

   나: 네, 에어컨을 좀 _____. (켜다)

2) 가: 지금 안 바빠요? 그러면 사무실을 _____. (청소하다)

   나: 네, 알겠습니다.

3) 가: 배가 너무 고파요. 떡볶이를 _____. (만들다)

   나: 알겠어요. 조금만 기다리세요.

4) 가: 생일 선물로 무엇을 받고 싶어요?

   나: 한국어 책을 _____. (사다)

Track 21

1 다음 대화를 듣고 빈칸에 알맞은 말을 쓰세요. 그리고 말해 보세요. 🎧

1) 가: 결혼을 축하드립니다.

　　나: _____.

2) 가: 안젤라 씨, 창문을 좀 _____.

　　나: 네, 알겠어요.

3) 가: _____ 생일 선물을 보냈어요?

　　나: 화장품을 보냈어요.

4) 가: 어버이날에 어머니께 _____?

　　나: 네, 어머니께서 좋아하셨어요.

Track 22

2 다음을 듣고 물음에 답하세요. 🎧

1) 두 사람은 무엇을 이야기해요?

　　❶ 생일 선물　　　　　　　　❷ 결혼 선물

2) 들은 내용과 같으면 〇, 다르면 X 하세요.

　　❶ 안젤라 씨는 넥타이를 샀습니다.　　　　　　　(　　)

　　❷ 어제는 드미트리 씨 생일이었습니다.　　　　　(　　)

　　❸ 안젤라 씨는 드미트리 씨에게 선물을 주었습니다.　(　　)

1 **다음 글을 읽고 물음에 답하세요.**

> 어제는 우리 딸 슬기의 생일이었습니다. 그래서 생일 파티를 해 주었습니다. 나와 남편은 케이크를 만들었습니다. 슬기 친구들은 슬기에게 생일 축하 노래를 불러 주었고 남편은 사진을 찍어 주었습니다. 생일 파티 후에 우리 가족은 자전거 가게에 갔습니다. 나와 남편은 슬기에게 자전거를 선물해 주었습니다. 슬기는 아주 좋아했습니다.

1) 무슨 이야기예요?

❶ 아이 생일 　　　　　　　❷ 마트 쇼핑

2) 어제 무슨 일이 있었어요? 시간 순서대로 번호를 쓰세요.

(　　　) → (　　　) → (　　　) → (　　　)

❶ 우리 가족은 자전거 가게에 갔습니다.

❷ 남편이 파티 사진을 찍어 주었습니다.

❸ 아이에게 자전거를 사 주었습니다.

❹ 케이크를 만들었습니다.

2 **다음은 '특별한 날'에 대한 글입니다. 글을 완성하세요.**

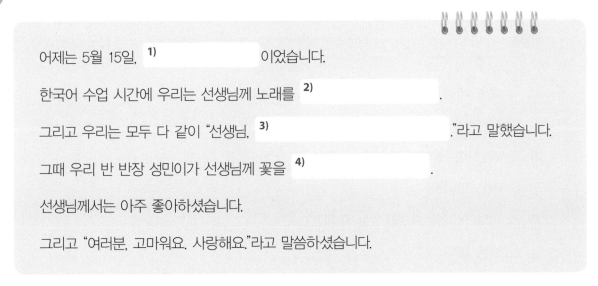

어제는 5월 15일, **1)** ＿＿＿＿＿＿＿ 이었습니다.

한국어 수업 시간에 우리는 선생님께 노래를 **2)** ＿＿＿＿＿＿＿ .

그리고 우리는 모두 다 같이 "선생님, **3)** ＿＿＿＿＿＿＿ ."라고 말했습니다.

그때 우리 반 반장 성민이가 선생님께 꽃을 **4)** ＿＿＿＿＿＿＿ .

선생님께서는 아주 좋아하셨습니다.

그리고 "여러분, 고마워요. 사랑해요."라고 말씀하셨습니다.

12과 이번 휴가에 뭐 할 거예요?

어휘

 관계있는 것을 연결하세요.

1)

2)

3)
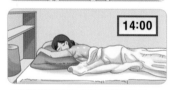

14:00

4)

- ❶ 공원에서 농구를 하다

- ❷ 아이하고 놀이공원에 가다

- ❸ 한국 요리를 배우다

- ❹ 낮잠을 자다

2 〈보기〉에서 알맞은 것을 골라 대화를 완성하세요.

보기   여행을 가다   가족하고 외식하다   컴퓨터 게임을 하다   친구 집에 놀러 가다

1) 가: 흐엉 씨, 슬기 생일에 뭐 했어요?

나: 이탈리아 식당에서 _____.

2) 가: 라민 씨는 방학에 뭐 하고 싶어요?

나: 저는 제주도에 _____.

3) 가: 아나이스 씨는 휴일에 보통 뭐 해요?

나: 보통 집에서 _____.

4) 가: 잠시드 씨, 토요일 오후에 어디에 갔어요?

나: 고향 _____.

3 관계있는 것을 연결하세요.

1)

2)

3)

4)

- ❶ 산에서 꽃구경을 하다

- ❷ 바다에서 낚시를 하다

- ❸ 놀이공원에서 동물을 구경하다

- ❹ 고향에서 부모님을 만나다

4 〈보기〉에서 알맞은 것을 골라 문장을 완성하세요.

> **보기**   수영을 하다   캠핑을 하다   놀이 기구를 타다   고향 친구들을 만나다

1) 가: 잠시드 씨, 휴가 때 누구를 만났어요?

   나: _____.

2) 가: 안젤라 씨, 어제 뭐 했어요?

   나: 유진이하고 놀이공원에서 _____.

3) 가: 라민 씨는 방학에 뭐 하고 싶어요?

   나: 저는 산에서 _____.

4) 가: 히에우 씨는 운동을 해요?

   나: 네, 일주일에 한 번 _____.

1 다음 표를 완성하세요.

기본형	-을 거예요/ㄹ 거예요	기본형	-을 거예요/ㄹ 거예요
먹다	먹을 거예요	사다	
읽다		만나다	
받다		배우다	배울 거예요
★듣다		★만들다	

2 그림을 보고 〈보기〉와 같이 대화를 완성하세요.

보기

가: 바다에서 뭐 할 거예요?
나: 낚시를 할 거예요.

보기　　고향에 가다　　쉬다　　놀이 기구를 타다　　옷하고 신발을 사다

1)

가: 언제 고향에 갈 거예요?

나: 다음 달에 _____.

2)

가: 백화점에서 뭐 살 거예요?

나: _____.

3)

가: 내일 뭐 할 거예요?

나: 놀이공원에서 _____.

4)

가: 주말에 등산을 할 거예요?

나: 아니요, 집에서 _____.

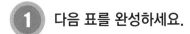
1 다음 표를 완성하세요.

기본형	-고	기본형	-고
먹다		가다	가고
읽다		좋아하다	
있다	있고	크다	
많다		바쁘다	

2 〈보기〉와 같이 대화를 완성하세요.

> 보기
> 가: 내일 집에서 뭐 할 거예요?
> 나: <u>청소도 하고 빨래도 할 거예요</u>. (청소를 하다/빨래를 하다)

1) 가: 주말에 남자 친구하고 뭐 할 거예요?

   나: _____.
   (음악을 듣다/영화를 보다)

2) 가: 어제 뭐 했어요?

   나: _____.
   (오전에는 친구를 만나다/오후에는 도서관에 가다)

3) 가: 지금 서울 날씨가 어때요?

   나: _____.
   (덥다/비가 많이 오다)

4) 가: 라민 씨 여자 친구는 어때요?

   나: _____.
   (키도 크다/멋있다)

Track 23

1 다음 대화를 듣고 빈칸에 알맞은 말을 쓰세요. 그리고 말해 보세요.

1) 가: 내일 뭐 할 거예요?

　　나: 친구하고 공원에서 _____.

2) 가: 이번 여름휴가에 고향에 갈 거예요?

　　나: 네, 고향에서 부모님도 만나고 _____.

3) 가: 흐엉 씨, 남편 생일에 뭐 할 거예요?

　　나: _____ 영화도 볼 거예요.

4) 가: 전주 한옥 마을에서 뭐 할 거예요?

　　나: _____ 전주 비빔밥도 먹을 거예요.

Track 24

2 다음을 듣고 물음에 답하세요.

1) 고천 씨의 휴가는 언제예요?

　　_____

2) 들은 내용과 같으면 ○, 다르면 X 하세요.

❶ 고천 씨는 제주도에 삽니다. 　　　　　　　　　(　　)

❷ 고천 씨는 언니와 남동생이 있습니다. 　　　　　(　　)

❸ 고천 씨는 휴가에 등산도 하고 캠핑도 할 겁니다. (　　)

1 다음 글을 읽고 물음에 답하세요.

> 라흐만 씨는 여행을 정말 좋아합니다. 그래서 주말에 자주 산과 바다에 갑니다. 지난주에는 제주도 한라산에 갔습니다. 한라산에서 등산도 하고 캠핑도 했습니다. 다음 주에는 바다에 갈 겁니다. 바다에서 낚시도 하고 수영도 할 겁니다. 라흐만 씨는 수영을 좋아하지만 잘 못합니다. 그래서 요즘 수영장에서 수영을 배웁니다. 라흐만 씨는 한국에서 여러 곳을 여행할 겁니다.

1) 라흐만 씨는 지난주에 어디에 갔어요?

_____

2) 윗글의 내용과 같은 것을 고르세요.
   ❶ 라흐만 씨는 바다를 좋아합니다.
   ❷ 라흐만 씨는 수영을 배울 겁니다.
   ❸ 라흐만 씨는 한국에서 여러 곳을 여행했습니다.
   ❹ 라흐만 씨는 지난주에 등산도 하고 캠핑도 했습니다.

2 다음은 '휴가 계획'에 대한 글이에요. 달력을 참고하여 글을 완성하세요.

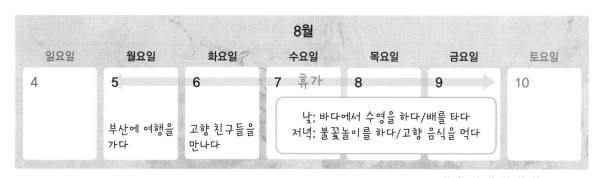

8월						
일요일	월요일	화요일	수요일	목요일	금요일	토요일
4	5	6	7 휴가	8	9	10
	부산에 여행을 가다	고향 친구들을 만나다	낮: 바다에서 수영을 하다/배를 타다 저녁: 불꽃놀이를 하다/고향 음식을 먹다			

저는 우즈베키스탄에서 왔습니다. 지금 한국 회사에서 일합니다. 8월 **1)** ☐ 휴가입니다. 고향 친구들이 부산에 많이 삽니다. 그래서 휴가 때 **2)** ☐ . 부산에서 **3)** ☐ . 친구들하고 낮에는 **4)** ☐ 배도 탈 겁니다. 저녁에는 불꽃놀이도 하고 **5)** ☐ . 빨리 부산에 가고 싶습니다.

어휘

1 관계있는 것을 연결하세요.

1)  · · ❶ 자동차

2)  · · ❷ 걸어서

3)  · · ❸ 지하철

4)  · · ❹ 택시

2 〈보기〉에서 알맞은 것을 골라 문장을 완성하세요.

> **보기**　　　　버스　　　　택시　　　　자전거

1)
가: 제이슨 씨가 무엇을 타요?

나: ＿＿＿＿＿＿＿＿＿＿＿을/를 타요.

2)
가: 잠시드 씨가 무엇을 타요?

나: ＿＿＿＿＿＿＿＿＿＿＿을/를 타요.

3)
가: 아나이스 씨가 무엇을 타요?

나: ＿＿＿＿＿＿＿＿＿＿＿을/를 타요

3 관계있는 것을 연결하세요.

1)

• ❶ 공항

2)

• ❷ 버스 정류장

3)

• ❸ 기차역

4)

• ❹ 고속버스 터미널

4 그림을 보고 대화를 완성하세요.

1)

가: 회사에 어떻게 가요?

나: _____으로/로 가요.

2)

가: 오늘 학교에 어떻게 왔어요?

나: _____으로/로 왔어요.

3)

가: 지난주에 제주도에 어떻게 갔어요?

나: _____으로/로 갔어요.

4)

가: 다음 주에 부산에 어떻게 갈 거예요?

나: _____으로/로 갈 거예요.

1 다음 표를 완성하세요.

기본형	으로/로	기본형	으로/로
여객선	여객선으로	택시	
지하철		버스	
오토바이	오토바이로	기차	
자전거		비행기	

2 그림을 보고 대화를 완성하세요.

1)

가: 공원에 어떻게 가요?

나: _____으로/로 가요.

2)

가: 학교에 어떻게 가요?

나: _____으로/로 가요.

3)

가: 공항에 어떻게 가요?

나: _____으로/로 가요.

4)

가: 고속버스 터미널에 어떻게 가요?

나: _____으로/로 가요.

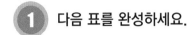

1 다음 표를 완성하세요.

기본형	-으러 가다/러 가다	기본형	-으러 가다/러 가다
받다	받으러 가다	사다	사러 가다
먹다		만나다	
읽다		전화하다	
★만들다		공부하다	

2 〈보기〉와 같이 대화를 완성하세요.

> 보기
> 가: 어제 백화점에 왜 갔어요?
> 나: <u>오빠 생일 선물을 사러 갔어요</u>. (오빠 생일 선물을 사다)

1) 가: 이링 씨, 출입국·외국인청에 왜 가요?

　　나: _____. (외국인 등록증을 받다)

2) 가: 한국에 왜 왔어요?

　　나: _____. (한국어를 배우다)

3) 가: 어제 도서관에 왜 갔어요?

　　나: _____. (한국어 책을 빌리다)

4) 가: 일요일에 고향 친구 집에 갔어요?

　　나: 네, _____. (고향 음식을 만들다)

Track 25

1 다음 대화를 듣고 빈칸에 알맞은 말을 쓰세요. 그리고 말해 보세요. 🎧

1) 가: 잠시드 씨, 일요일에 뭐 할 거예요?

나: _____ 부산에 갈 거예요.

2) 가: 잠시드 씨, 회사에 어떻게 가요?

나: _____ 가요.

3) 가: 라민 씨, 어제 오후에 어디에 갔어요?

나: 한국어를 _____ 도서관에 갔어요.

4) 가: 어떻게 오셨습니까?

나: 소포를 _____.

Track 26

2 다음을 듣고 물음에 답하세요. 🎧

1) 안젤라 씨는 제주도에서 무엇을 할 거예요?

_____

2) 들은 내용과 같으면 ○, 다르면 X 하세요.

❶ 안젤라 씨는 비행기로 목포에 갈 겁니다.　　　(　　　)

❷ 안젤라 씨는 배로 제주도에 갈 겁니다.　　　(　　　)

❸ 두 사람은 같이 제주도에 갈 겁니다.　　　(　　　)

1 다음 글을 읽고 물음에 답하세요.

> 다음 달 15일이 언니 생일입니다. 언니는 원피스를 좋아합니다. 생일 선물로 원피스를 사 주고 싶었습니다. 그래서 오늘 원피스를 사러 백화점에 갔습니다. 3층부터 5층까지 옷 가게가 있었습니다. 4층에서 원피스를 샀습니다. 원피스는 예뻤지만 비쌌습니다. 내일은 언니한테 원피스를 보내러 우체국에 갈 겁니다. 한국에서 하노이까지 비행기로 3일쯤 걸립니다. 하노이에서 고향까지는 자동차로 2일쯤 걸립니다. 언니는 다음 주에 옷을 받을 겁니다. 오늘은 좀 피곤하지만 기분이 좋습니다.

1) 무엇에 대한 이야기예요?

❶ 언니 생일 선물　　　　❷ 백화점　　　　❸ 옷 가게

2) 윗글의 내용과 <u>다른</u> 것을 고르세요.

❶ 백화점에서 원피스를 샀습니다.　　　　❷ 언니 생일 선물을 샀습니다.

❸ 오늘 우체국에 갔습니다.　　　　❹ 오늘 기분이 좋습니다.

2 다음은 주말을 지낸 이야기예요. 글을 완성하세요.

> 　저는 지난 주말에 친구를 **1)**＿＿＿＿＿ 서울에 갔습니다. 친구는 서울에서 회사에
> 　　　　　　　　　　　(만나다)
> 다닙니다. 고속버스 터미널에서 서울까지 **2)**＿＿＿＿＿ 3시간쯤 걸립니다. 기차역에서 서울까지
> 　　　　　　　　　　　　　　　(버스)
> **3)**＿＿＿＿＿ 2시간쯤 걸립니다. 기차는 빠르지만 비쌉니다. 그래서 **4)**＿＿＿＿＿ 서울에
> (기차)　　　　　　　　　　　　　　　　　　　　　　　　(고속버스)
> 갔습니다. 친구 집은 지하철역 근처에 있습니다. 고속버스 터미널에서 친구 집까지 **5)**＿＿＿＿＿
> 　　　　　　　　　　　　　　　　　　　　　　　　　　　　　　　(지하철)
> 갔습니다. 친구하고 같이 놀이동산에서 놀이 기구를 **6)**＿＿＿＿＿. 그리고 영화관에서
> 　　　　　　　　　　　　　　　　　　　　　(타다)
> 영화도 **7)**＿＿＿＿＿. 정말 즐거웠습니다. 다음에 또 친구를 만나고 싶습니다.
> 　　　　(보다)

어휘

1 관계있는 것을 연결하세요.

1) 어디에서 만나요? •

• ❶ 약속 시간

2) 언제 만나요? •

• ❷ 약속 장소

3) 회사 동료들을 만나요. 같이 식사해요. •

• ❸ 회식

2 〈보기〉에서 알맞은 것을 골라 문장을 완성하세요.

| 보기 | 늦다 | 바꾸다 | 정하다 | 지키다 |

1) 안젤라 씨는 아들과 약속해요. 그러면 언제나 약속을 ＿＿＿＿＿＿＿.

2) 약속 장소가 백화점 앞이에요. 그런데 비가 와서 약속 장소를 ＿＿＿＿＿＿＿.

3) 반 친구들과 반 모임을 할 거예요. 그런데 아직 약속 장소를 안 ＿＿＿＿＿＿＿.

4) 약속이 6시였어요. 그런데 약속 장소에 6시 20분에 갔어요. 약속에 ＿＿＿＿＿＿＿.

3 〈보기〉에서 알맞은 것을 골라 문장을 완성하세요.

> **보기**   시험이 있다   일이 많다   가족 모임이 있다   몸이 아프다

1) 내일 _____. 그래서 어제 아침부터 저녁까지 공부했어요.

2) 오늘은 _____. 그래서 친구와 못 만나요. 병원에 가요.

3) 이번 주 토요일은 아버지 생신이에요. 토요일 저녁에 _____.

4) 지난 금요일에는 회사에 _____. 그래서 친구와 약속을 못 지켰어요.

4 〈보기〉에서 알맞은 것을 골라 대화를 완성하세요.

> **보기**   다른 약속이 있다   시간이 없다   야근을 하다   회식이 있다

1)

가: 오늘 늦게 퇴근해요?

나: 네. 일이 많아서 _____.

2)

가: 오늘 무슨 약속이에요?

나: 회사 동료들하고 _____.

3)

가: 고향 친구들을 자주 만나요?

나: 아니요. 요즘 바빠요. _____.

4)

일요일	월요일	화요일	수요일	목요일	금요일	토요
7	8	9	10	11	12	13
14	15	16	(17) 6시 30분 000와 약속	18	19	20
21	22	23	24	25	26	27

가: 수요일에 만날 수 있어요?

나: 미안해요. 그날은 _____.

1 다음 표를 완성하세요.

기본형	–을까요/ㄹ까요?	기본형	–을까요/ㄹ까요?
앉다	앉을까요?	배우다	
보다	볼까요?	산책하다	
타다		청소하다	
마시다		운동하다	
★놀다		★걷다	

2 〈보기〉와 같이 대화를 완성하세요.

> 보기
> 가: 언제 __만날까요__ ? (만나다)
> 나: 토요일 저녁에 만나요.

1) 가: 제이슨 씨, 테니스 좋아해요? 내일 같이 테니스를 _____? (치다)

나: 저도 테니스 좋아해요. 내일 같이 쳐요.

2) 가: 생일에 같이 점심을 _____? (먹다)

나: 점심에는 다른 약속이 있어요. 같이 저녁 먹어요.

3) 가: 조금 덥지요? 창문을 좀 _____? (열다)

나: 네, 좋아요. 제가 열게요.

4) 가: 무슨 음악을 _____? (듣다)

나: 저는 클래식 음악을 좋아해요. 클래식 음악을 들어요.

1 다음 표를 완성하세요.

기본형	못	기본형	못
먹다	못 먹다	마시다	
가다		일어나다	
보다		야근하다	야근 못 하다
만나다		공부하다	
쉬다		산책하다	

2 보기에서 알맞은 것을 골라 대화를 완성하세요.

보기   수영하다   한자를 읽다   친구를 만나다   음악을 듣다

1)

가: 라흐만 씨, 이 한자 좀 읽어 주세요.

나: 미안해요. 저도 _____.
　　고천 씨에게 물어보세요.

2)

가: 어제 친구하고 영화를 잘 봤어요?

나: 아니요. _____.
　　그래서 영화를 혼자 봤어요.

3)

가: 수영할 수 있어요?

나: 아니요, 저는 _____.

Track 27

1 다음 대화를 듣고 빈칸에 알맞은 말을 쓰세요. 그리고 말해 보세요.

1) 가: 다음 주부터 휴가예요. 같이 여행을 _____?

　　나: 네, 좋아요. 제주도로 여행 가요.

2) 가: 오랜만이에요. 같이 커피를 _____?

　　나: 죄송해요. 지금은 시간이 없어요. 다음에 마셔요.

3) 가: 이번 주 토요일에 영화를 볼까요?

　　나: 미안해요. 이번 주 토요일에는 다른 _____.

4) 가: 밥 먹고 공원에서 산책할까요?

　　나: 지금 비가 많이 와요. _____.

Track 28

2 다음을 듣고 물음에 답하세요.

1) 두 사람은 어제 만났어요?

_____

2) 들은 내용과 같으면 ○, 다르면 X 하세요.

❶ 아나이스 씨는 어제 약속 장소에 못 갔습니다. 　　(　　)

❷ 아나이스 씨는 어제 바빴습니다. 　　(　　)

❸ 두 사람은 내일 약속 시간을 다시 정할 겁니다. 　　(　　)

1 다음 글을 읽고 물음에 답하세요.

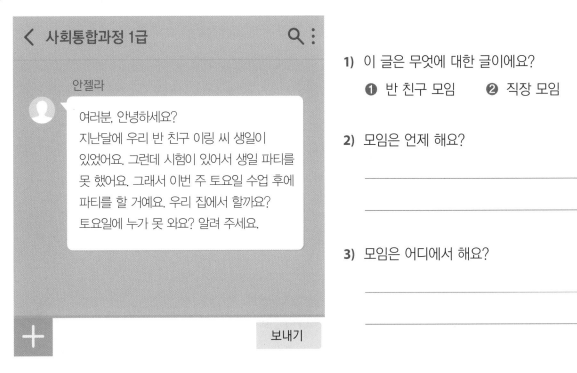

1) 이 글은 무엇에 대한 글이에요?

❶ 반 친구 모임 　　❷ 직장 모임

2) 모임은 언제 해요?

_____

_____

3) 모임은 어디에서 해요?

_____

_____

2 다음은 '회식'에 대한 글이에요. 글을 완성하세요.

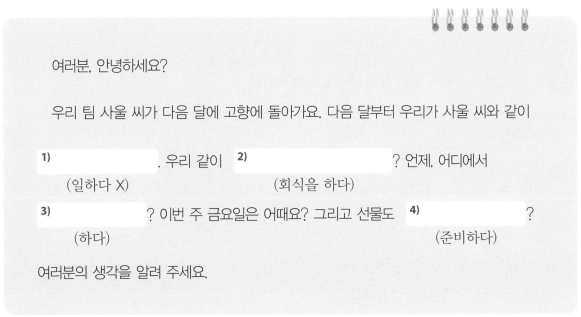

어휘

 관계있는 것을 연결하세요.

1)

2)

3)

4)

- ❶ 가을

- ❷ 겨울

- ❸ 봄

- ❹ 여름

2 〈보기〉에서 알맞은 것을 골라 대화를 완성하세요.

| 보기 | 따뜻하다 | 덥다 | 춥다 |

1) 가: 고천 씨는 왜 봄을 좋아해요?

　나: 봄은 _____. 그래서 봄을 좋아해요.

2) 가: 한국은 겨울에 바다에서 수영할 수 있어요?

　나: 아니요, 못 해요. 겨울에 너무 _____.

3) 가: 한국은 언제 _____?

　나: 여름에요. 6월부터 8월까지 여름이에요.

3 그림을 보고 문장을 완성하세요.

1)

한국은 _____.

2)

베트남 하노이는 _____.

3)

이집트 카이로는 _____.

4)

중국 베이징은 _____.

4 〈보기〉에서 알맞은 것을 골라 대화를 완성하세요.

보기   구름   맑다   흐리다   끼다

1) 가: 오늘 날씨가 좋아요?

　나: 아니요, 날씨가 _____. 비가 와요.

2) 가: 오후에 눈이 올 거예요.

　나: 맞아요. 하늘에 _____이/가 많이 끼었어요.

3) 가: 지금도 번개가 쳐요?

　나: 아니요, 지금은 날씨가 _____.

4) 가: 요즘 스미스 씨 고향 날씨는 어때요?

　나: 안개가 많이 _____. 그리고 비도 많이 와요.

1 다음 표를 완성하세요.

기본형	-네요	기본형	-네요
크다	크네요	재미있다	
많다	많네요	맛있다	
아름답다		바쁘다	
그리다		★만들다	
비싸다		★힘들다	

2 〈보기〉에서 알맞은 것을 골라 대화를 완성하세요.

보기	그리다	만들다	많다	바쁘다

1) 가: 저는 동생이 6명이에요.

　　나: 동생이 _____.

2) 가: 아나이스 씨, 영화 보러 갈까요?

　　나: 미안해요. 요즘은 너무 _____.

3) 가: 이링 씨, 이거 우리 아이 그림이에요.

　　나: 그림을 잘 _____.

4) 가: 제가 불고기를 만들었어요. 맛이 어때요?

　　나: 아주 맛있어요. 한국 음식을 정말 맛있게 _____.

1 〈보기〉와 같이 문장을 완성하세요.

> 보기
>
> 제주도 〉 서울 　따뜻하다　⇨ 제주도가 서울보다 따뜻해요.

1) 대구 〉 서울 　덥다　⇨ _____.

2) 속초 〉 서울 　시원하다　⇨ _____.

3) 평창 〉 서울 　눈이 많이 오다　⇨ _____.

2 그림을 보고 〈보기〉와 같이 문장을 완성하세요.

> 보기
>
>
>
> 시장이 백화점보다 싸요.

1)

_____ 빨라요.

2)

_____ 좋아해요.

3)

_____ 잘해요.

Track 29

1 다음 대화를 듣고 빈칸에 알맞은 말을 쓰세요. 그리고 말해 보세요. 🎧

1) 가: 오늘 날씨가 정말 _____.

나: 맞아요. 이제 여름이에요.

2) 가: 저는 가을을 좋아해요.

나: 그래요? 저는 _____ 좋아해요.

3) 가: 우리나라는 6월부터 11월까지 비가 와요.

나: 그래요? 비가 정말 _____.

4) 가: 거기 날씨가 어때요? 많이 추워요?

나: 네. 그런데 어제가 _____.

Track 30

2 다음을 듣고 물음에 답하세요. 🎧

1) 지금 한국은 무슨 계절이에요?

_____

2) 들은 내용과 같으면 ○, 다르면 X 하세요.

❶ 요즘 한국이 라민 씨 고향보다 더 더워요.   (   )

❷ 라민 씨 고향은 밤에 쌀쌀해요.   (   )

❸ 라민 씨 고향에서는 7월에 비가 많이 와요.   (   )

1 다음 글을 읽고 물음에 답하세요.

> 안녕하세요? 저는 아나이스예요.
>
> 저는 작년 10월에 프랑스에서 한국에 왔어요.
>
> 한국은 가을이었어요. 날씨는 맑고 조금 쌀쌀했어요.
>
> 저는 한국어를 열심히 공부했어요. 그런데 한국어 공부가 너무 힘들었어요.
>
> 지금 한국은 여름이에요. 한국은 프랑스보다 더 덥네요.
>
> 그래서 이번 주말에 친구들과 바다에 놀러 갈 거예요.

1) 아나이스 씨는 어느 계절에 한국에 왔어요?

❶ 여름 ❷ 가을

2) 윗글의 내용과 <u>다른 것</u>을 고르세요.

❶ 아나이스 씨는 한국어 공부가 힘들었어요.

❷ 지금 프랑스는 한국보다 더워요.

❸ 아나이스 씨는 다음 주말에 바다에 놀러 갈 거예요.

2 다음은 '봄'에 대한 메모예요. 메모를 참고하여 글을 완성하세요.

봄	
• 3월, 4월, 5월	• 꽃이 많이 피다
• 날씨가 따뜻하다	• 꽃구경을 많이 가다
• 등산을 많이 가다	

한국은 **1)**　　　　　　, **2)**　　　　　　, **3)**　　　　　　이 봄입니다.

봄에는 날씨가 **4)**　　　　　　. 그래서 사람들은 **5)**　　　　　　많이 갑니다.

그리고 **6)**　　　　　　　　　. 그래서 **7)**　　　　　　많이 갑니다.

저는 꽃을 좋아합니다. 그래서 봄을 좋아합니다.

16과 배가 아파서 병원에 가요

어휘

1 〈보기〉에서 알맞은 것을 골라 빈칸에 쓰세요.

보기

눈
다리
목
무릎
발
손
이
배
팔
코

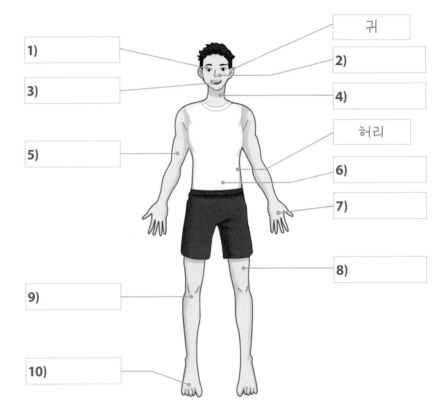

1)	귀
3)	2)
5)	4)
	허리
9)	6)
10)	7)
	8)

2 〈보기〉에서 알맞은 것을 골라 문장을 완성하세요.

보기   내과   안과   이비인후과   치과

1) 눈이 아파요. _____에 가요.

2) 이가 아파요. _____에 가요.

3) 귀가 아파요. 목도 아파요. _____에 가요.

4) 너무 많이 먹어서 배가 아파요. _____에 가요.

3 관계있는 것을 연결하세요.

1)

2)

3)

4)

- ❶ 생강
- ❷ 비타민 시(C)
- ❸ 약
- ❹ 병원

4 〈보기〉에서 알맞은 것을 골라 대화를 완성하세요.

보기   감기에 걸리다   병원에 가다   푹 쉬다

1)

가: 지금도 아파요?

나: 아니요. 어제 _____. 이제 괜찮아요.

2)

가: 일을 많이 했어요. 피곤해요.

나: 빨리 집에 가세요. 그리고 집에서 _____(으)세요.

3)

가: 어디 아프세요?

나: 네. _____. 그래서 목이 아파요.

1 다음 표를 완성하세요.

기본형	-아서/어서	기본형	-아서/어서
가다	가서	보다	
놀다		읽다	
★크다		재미없다	
★걷다		힘들다	
★어렵다		★바쁘다	바빠서

2 〈보기〉와 같이 문장을 완성하세요.

> **보기** 시험이 있어요. 그래서 친구 집에 못 가요.
>
> ⇨ <u>시험이 있어서 친구 집에 못 가요</u>.

1) 비가 와요. 그래서 산책을 못 해요.

⇨ _____.

2) 숙제가 어려워요. 그래서 못 했어요.

⇨ _____.

3) 눈이 아팠어요. 그래서 안과에 갔어요.

⇨ _____.

4) 봄에 꽃이 많이 피어요. 그래서 봄을 좋아해요.

⇨ _____.

1 다음 표를 완성하세요.

기본형	–는 것	기본형	–는 것
자다	자는 것	읽다	
마시다		산책하다	
여행하다		운동하다	
★팔다		★살다	

2 〈보기〉에서 알맞은 것을 골라 대화를 완성하세요.

> 보기　　등산하다　　　수영하다　　　물을 많이 마시다　　　고향 음식을 만들다

1) 가: 주말에 뭐 해요?

　　나: ＿＿＿＿＿＿＿＿＿＿＿＿＿＿＿을/를 좋아해서 자주 수영장에 가요.

2) 가: 감기에 걸려서 목이 아파요.

　　나: ＿＿＿＿＿＿＿＿＿＿＿＿＿＿＿이/가 좋아요.

3) 가: 우리 같이 산에 갈까요?

　　나: 미안해요. 저는 ＿＿＿＿＿＿＿＿＿＿＿＿＿＿＿을/를 안 좋아해요.

4) 가: 흐엉 씨 생일에 무슨 음식을 준비할까요?

　　나: ＿＿＿＿＿＿＿＿＿＿＿＿＿＿＿이/가 어때요?

Track 31

1 다음 대화를 듣고 빈칸에 알맞은 말을 쓰세요. 그리고 말해 보세요. 🎧

1) 가: 왜 점심을 안 먹었어요?

　　나: ＿＿＿＿＿＿＿＿＿＿＿＿ 점심을 못 먹었어요.

2) 가: 한국어 읽기가 힘들어요. 어떻게 해요?

　　나: 한국 책을 많이 ＿＿＿＿＿＿＿＿＿＿＿.

3) 가: 노래방에서 친구들과 노래를 불렀어요. 그래서 목이 많이 아파요.

　　나: 그럼 ＿＿＿＿＿＿＿＿＿＿ 좋아요.

Track 32

2 다음을 듣고 물음에 답하세요. 🎧

1) 라민 씨는 어디에 갔어요?

＿＿＿＿＿＿＿＿＿＿＿＿＿＿＿＿＿＿＿＿＿＿

2) 들은 내용과 같으면 ○, 다르면 X 하세요.

❶ 라민 씨는 코는 문제가 없어요.　　　　　(　　)

❷ 라민 씨는 오늘 아침부터 아팠어요.　　　(　　)

❸ 의사 선생님은 "푹 자는 것이 좋아요."라고 말했어요.　(　　)

1 다음 글을 읽고 물음에 답하세요.

> 지난 주말에 후엔 씨는 남편 민수 씨, 딸 슬기와 함께 놀이공원에 갔습니다. 먼저 슬기가 동물을 좋아해서 동물원을 구경했습니다. 그리고 놀이 기구를 타러 갔습니다. 그런데 후엔 씨는 놀이 기구 타는 것을 안 좋아해서 민수 씨와 슬기만 놀이 기구를 탔습니다. 저녁 8시부터 불꽃놀이가 있었습니다. 불꽃놀이는 정말 멋있었습니다. 불꽃놀이를 구경하고 집에 돌아왔습니다.

1) 순서대로 번호를 쓰세요.

(   ) → (   ) → (   )

❶ 놀이 기구 타는 것   ❷ 동물원 구경   ❸ 불꽃놀이 구경

2) 윗글의 내용과 같으면 ◯, 다르면 X 하세요.

❶ 슬기는 동물원에 가는 것을 좋아해요.   (   )
❷ 후엔 씨는 놀이 기구 타는 것을 좋아해요.   (   )
❸ 후엔 씨 가족은 8시에 집에 돌아왔어요.   (   )

2 다음은 '휴가'에 대한 글입니다. 밑줄 친 부분을 맞게 고쳐 쓰세요.

> 지난 휴가에 고향 친구하고 같이 바다에 ¹⁾<u>갑니다.</u> 저도 친구도 바다를 ²⁾<u>보는 것이</u> 처음이었습니다. 우리는 ³⁾<u>바다에</u> 수영을 하고 배를 탔습니다. 그런데 배에서 머리가 너무 많이 ⁴⁾<u>아팠어서</u> 힘들었습니다. 다음에 다시 바다에 갈 거예요. 다음에는 바다 ⁵⁾<u>낚시를</u> 하고 싶어요.

1) _____   **2)** _____

3) _____   **4)** _____

5) _____

어휘

1 관계있는 것을 연결하세요.

1)

2)

3)

4)

- ❶ 경찰서
- ❷ 박물관
- ❸ 백화점
- ❹ 은행

2 〈보기〉에서 알맞은 것을 골라 문장을 완성하세요.

> **보기** 등록하다   받다   보내다   환전하다

1) 고향 친구의 생일이어서 어제 우체국에서 소포를 _____.

2) 주민 센터에서 운동을 배워요. 저는 다음 달에 수영반을 _____.

3) 외국에 출장을 갈 거예요. 그래서 국제 운전면허증을 _____(으)러 경찰서에 갔어요.

4) 한국 돈을 우즈베키스탄 돈으로 바꾸고 싶어요. 어디에서 _____?

3 관계있는 것을 연결하세요.

1)

2)

3)

4)

- ❶ 담배

- ❷ 쓰레기

- ❸ 사진

- ❹ 잔디밭

4 〈보기〉에서 알맞은 것을 골라 문장을 완성하세요.

보기　　　　뛰다　　　　만지다　　　　버리다　　　　피우다

1) 쓰레기통이 저기에 있어요. 쓰레기는 쓰레기통에 ＿＿＿＿＿＿＿(으)세요.

2) 여기는 금연이에요. 담배는 밖에서 ＿＿＿＿＿＿(으)세요.

3) 저는 아침마다 공원에서 30분씩 ＿＿＿＿＿＿.

4) 그 박물관에서는 물건을 직접 ＿＿＿＿＿＿고 사진도 찍어요.

1　다음 표를 완성하세요.

기본형	으로/로	기본형	으로/로
왼쪽	왼쪽으로	제주도	
뒤	뒤로	백화점	
옆	.	시장	
5층		서울	

2　〈보기〉에서 알맞은 것을 골라 대화를 완성하세요.

> 보기
> 가: 화장실이 어디에 있어요?
> 나: <u>오른쪽으로 가세요</u> . (오른쪽)

1) 가: 휴가 때 뭐 할 거예요?

　　나: ＿＿＿＿＿＿＿ 여행 갈 거예요. (제주도)

2) 가: 아이들 옷은 몇 층에 있어요?

　　나: 5층에 있어요. ＿＿＿＿＿＿＿ 가세요. (아래층)

3) 가: 저 기차는 어디로 가요?

　　나: ＿＿＿＿＿＿＿ 가요. (서울)

4) 가: 손님, ＿＿＿＿＿＿＿ 갈까요? (어디)

　　나: 남대문 시장요.

1 다음 표를 완성하세요.

기본형	-지 마세요	기본형	-지 마세요
가다	가지 마세요	피우다	
사다		놀다	
버리다		받다	
읽다		주차하다	

2 〈보기〉에서 알맞은 것을 골라 대화를 완성하세요.

> **보기**   들어가다   뛰다   먹다   주차하다

1) 가: 저기요, 도서관에서 음식을 _____.

   나: 몰랐어요. 죄송합니다. 음료수는 괜찮아요?

   가: 네, 음료수는 괜찮습니다.

2) 가: 여기에 _____.

   나: 아, 죄송합니다. 그럼 주차장이 어디예요?

3) 가: 지금 운동장에 _____.

   나: 왜요?

   가: 학생들이 축구해요.

4) 가: 우리 빨리 가요. 빨리빨리.

   나: _____. 천천히 가세요. 아직 시간이 있어요.

Track 33

1 다음 대화를 듣고 빈칸에 알맞은 말을 쓰세요. 그리고 말해 보세요. 🎧

1) 가: 돈을 환전하고 싶어요. 은행이 어디에 있어요?

나: _____.

2) 가: 우체국이 어디에 있어요?

나: 사랑 백화점 옆에 있어요. 저기에서 _____.

3) 가: 식당 앞에 주차할 수 있어요?

나: 아니요, 식당 앞에 _____. 건물 _____.

Track 34

2 다음을 듣고 물음에 답하세요. 🎧

1) 안젤라 씨는 지금 어디에 가요?

_____

2) 들은 내용과 같으면 ◯, 다르면 ✕ 하세요.

❶ 박물관은 5층에 있어요.   (   )

❷ 박물관에서 사진을 찍는 것은 괜찮아요.   (   )

❸ 박물관 안에서 음료수를 마시는 것은 괜찮아요.   (   )

1 다음 안내문을 읽고 물음에 답하세요.

> 영화관에서는……
>
> (30) 영화 시작 30분 전에 영화관에 들어갑니다. 늦게 들어오지 마세요.
>
> 휴대 전화를 사용하지 마세요. 영화 시작 전에 휴대 전화를 끄세요.
>
> 이야기하지 마세요. 다른 분들이 영화를 못 봅니다.
>
> 사진을 찍지 마세요.

1) 무엇에 대한 이야기입니까?

  ❶ 극장 안내문   ❷ 영화 광고

2) 윗글의 내용과 같으면 ○, 다르면 X 하세요.

  ❶ 영화 시작 전에 극장에 들어가는 것이 좋아요.   (   )

  ❷ 영화관에서 휴대 전화로 사진을 찍어요.   (   )

  ❸ 영화 보면서 옆 사람과 크게 이야기해요.   (   )

2 다음은 도서관 안내문이에요. 〈보기〉를 참고하여 글을 완성하세요.

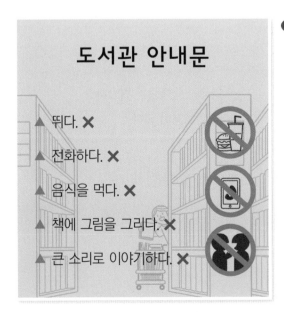

도서관 안내문

▲ 뛰다. ✕
▲ 전화하다. ✕
▲ 음식을 먹다. ✕
▲ 책에 그림을 그리다. ✕
▲ 큰 소리로 이야기하다. ✕

보기 도서관에서 뛰지 마세요. 조용히 걸어 다니세요.

1) _____.
밖에서 전화하세요.

2) _____.
휴게실에서 드세요.

3) _____.
깨끗하게 이용해 주세요.

4) _____.
도서관은 많은 사람이 책을 읽고 공부하는 곳입니다.

어휘

1 그림에 맞는 단어를 쓰세요.

1)

초등학교 → 중학교 → _____ → 대학교

2)

학생이 되어 학교에 들어가다.

: _____ 하다

3)

학생이 초등학교 6년, 중학교 3년 등의 공부를 끝내다.

: _____ 하다

4)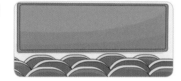

수업을 안 하는 기간.

: _____

2 〈보기〉에서 알맞은 것을 골라 문장을 완성하세요.

  교통 카드를 이용하다   외국인 등록증이 필요하다

대중교통 수단을 이용하기 편하다   건강 보험이 되다

1) 한국의 병원은 _____. 그래서 병원비가 안 비싸요.

2) 도시에는 버스, 지하철, 택시가 많아요. _____.

3) 병원에 갈 때 여권이나 _____.

4) 버스나 지하철 탈 때 _____. 그러니까 먼저 교통 카드를 사세요.

3 그림에 맞는 단어를 쓰세요.

1)

_____

2)

_____

3)

_____

4)

_____

4 〈보기〉에서 알맞은 것을 골라 대화를 완성하세요.

보기　　　　배달이 되다　　　　문을 열다　　　　문을 닫다　　　　팔다

1) 가: 머리가 아파요. 어디에서 약을 살 수 있어요?

나: 편의점에 가 보세요. 편의점에서도 약을 _____.

2) 가: 은행은 몇 시까지 해요?

나: 4시까지 _____.

3) 가: 토요일에 우체국을 이용할 수 있어요?

나: 아니요, 토요일에는 _____.

4) 가: 여기 행복아파트예요. 지금 주문돼요?

나: 네, 저희 가게는 24시간 _____.

1 다음 표를 완성하세요.

기본형	-지요?	기본형	-지요?
맛있다	맛있지요?	좋아하다	
재미있다		힘들다	
크다		아름답다	
열다		만나다	

2 〈보기〉와 같이 대화를 완성하세요.

> 보기
>
> 가: 안젤라 씨, 오늘 춥지요 ? (춥다)
> 나: 네, 너무 추워요.

1) 가: 우체국은 오후 7시까지 _____? (열다)

　　나: 아니요, 오후 6시에 문을 닫아요.

2) 가: 감기에 걸려서 _____? (힘들다)

　　나: 아니요, 지금은 괜찮아요.

3) 가: 내일 고향에 _____? (가다)

　　나: 네, 아침 10시 비행기예요.

4) 가: 우리 모임 장소가 _____? (학교 앞 카페다)

　　나: 네, 6시에 만나요.

1 다음 표를 완성하세요.

기본형	-은데/ㄴ데/는데	기본형	-은데/ㄴ데/는데
적다		좋아하다	
비가 오다		짧다	
★덥다	더운데	시원하다	
★길다		★어렵다	
★만들다		★쉽다	

2 그림을 보고 〈보기〉와 같이 문장을 완성하세요.

보기

머리가 길다/머리가 짧다

안젤라 씨는 머리가 긴데 아나이스 씨는 머리가 짧아요.

1)

키가 크다/키가 작다

형은 _____.

2)

바다를 좋아하다/산을 좋아하다

후엔 씨는 _____.

3)

여름이다/겨울이다

7월에 한국은 _____.

Track 35

1 다음 대화를 듣고 빈칸에 알맞은 말을 쓰세요. 그리고 말해 보세요. 🎧

1) 가: 이번 여름은 _____?

나: 네. 작년 여름보다 더 더워요.

2) 가: 약국은 주말에 _____?

나: 네. 보통 안 여는데 365 약국은 열어요. 한번 전화해 보세요.

3) 가: 저는 9월에 베트남에 갈 거예요.

나: 12월에 가면 어때요? 9월에는 _____ 12월에는 날씨가 좋아요.

4) 가: 지금 팥빙수 배달이 돼요?

나: 죄송합니다. 여름에는 _____ 겨울에는 안 팔아요.

Track 36

2 다음을 듣고 물음에 답하세요. 🎧

1) 라민 씨는 지금 어디가 아파요?

_____

2) 고천 씨는 병원을 어떻게 찾았어요?

_____

3) 기숙사 근처 병원은 오늘 몇 시에 문을 닫아요?

_____

4) 병원에 갈 때 무엇이 필요해요?

_____

1 다음 글을 읽고 물음에 답하세요.

> 안녕하세요? 제 이름은 안젤라입니다.
>
> 저는 무역 회사에서 일합니다.
>
> 작년 겨울에 아들 유진과 한국에 왔습니다.
>
> 한국은 12월에 춥지요?
>
> 12월에 필리핀은 더운데 한국은 추워서 감기도 자주 걸렸습니다.
>
> 한국 생활이 힘들어서 고향에 돌아가고 싶었습니다.
>
> 아직 한국 생활에 익숙하지 않지만 지금은 한국에서 사는 것이 재미있습니다.

1) 안젤라 씨는 지금 한국에 사는 것이 어떻습니까?

_____

2) 윗글의 내용과 같으면 ○, 다르면 X 하세요.

❶ 안젤라 씨는 회사원입니다. (   ) ❷ 안젤라 씨는 혼자 한국에 왔습니다. (   )

❸ 안젤라 씨 고향은 덥습니다. (   ) ❹ 안젤라 씨는 한국 생활에 익숙합니다. (   )

2 다음은 한국 생활에 대한 글이에요. 메모를 참고하여 글을 완성하세요.

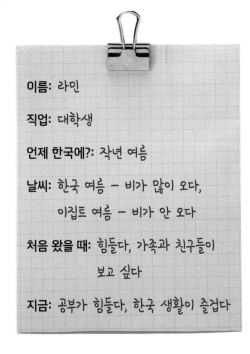

이름: 라민

직업: 대학생

언제 한국에?: 작년 여름

날씨: 한국 여름 – 비가 많이 오다,
      이집트 여름 – 비가 안 오다

처음 왔을 때: 힘들다, 가족과 친구들이
            보고 싶다

지금: 공부가 힘들다, 한국 생활이 즐겁다

> 안녕하세요? 제 이름은 ¹⁾ _____ .
>
> 저는 ²⁾ _____ .
>
> ³⁾ _____ 에 한국에 왔습니다. 한국은
> 여름에 비가 많이 오지요? 한국은 여름에
>
> ⁴⁾ _____ 는데 이집트는 ⁵⁾ _____ .
>
> 처음에는 날씨도 많이 달라서 ⁶⁾ _____ 고
>
> ⁷⁾ _____ . 지금은 ⁸⁾ _____ 지만
>
> ⁹⁾ _____ .

모범 답안

1 안녕하세요?

어휘 p. 10

1. 1) 박민수 2) 안젤라 3) 김성민

2. 1) 이링 2) 제이슨 3) 정아라

3. 1) 이름 2) 직업 3) 나라

4. 1) ④ 2) ② 3) ① 4) ③

문법 p. 12

명이에요/예요

1. 1) ① 2) ② 3) ① 4) ②

2. 1) 박슬기예요 2) 고천이에요
3) 잠시드예요 4) 김영욱이에요

명은/는

1. 1) ① 2) ② 3) ① 4) ②

2. 1) 안젤라는 회사원이에요
2) 아나이스는 학생이에요
3) 제이슨은 미국 사람이에요
4) 라민은 이집트 사람이에요

말하기와 듣기 p. 14

1. 1) 안녕하세요
2) 강사예요
3) 회사원이에요
4) 저는 한국 사람이에요

2. 1) 이링은 중국 사람이에요.
2) ① X   ② O

읽기와 쓰기 p. 15

1. 1) ①
2) ① X   ② X

2. 1) 라흐만 2) 직원이에요 3) 방글라데시

2 방에 책상이 있어요

어휘 p. 16

1. 1) ④ 2) ③ 3) ② 4) ①

2. 1) 회사 2) 기숙사 3) 학교 4) 교실

3. 1) 거울 2) 수건 3) 휴지 4) 컵

4. 1) 화장실 2) 부엌 3) 에어컨 4) 소파

문법 p. 18

명이/가

1. 1) ① 2) ② 3) ② 4) ①

2. 1) 지도가 있어요
2) 칠판이 있어요
3) 필통이 있어요
4) 컴퓨터가 있어요

명에 있어요

1. 1) 화장실에 있어요
2) 부엌에 있어요
3) 기숙사에 있어요

2. 1) 부엌에 냉장고가 있어요
2) 거실에 소파가 있어요
3) 기숙사에 책상이 있어요

말하기와 듣기 p. 20

1. 1) 없어요 2) 책상이 3) 거실에 4) 부엌에 있어요

2. 1) 아니요, 교실에 시계가 없어요.
2) ① X   ② O

읽기와 쓰기 p. 21

1. 1) ① O   ② X
2) 텔레비전이 거실에 있어요.

2. 1) 컴퓨터가 2) 있어요 3) 없어요

3 한국어를 배워요

어휘 p. 22

1. 1) ③   2) ④   3) ②   4) ①

2. 1) 많다   2) 덥다   3) 재미있다   4) 나쁘다

3. 1) ①   2) ②   3) ②   4) ②

4. 1) 자다   2) 일하다   3) 운동하다   4) 빵을 먹다

문법 p. 24

동 형 -어요

1.

기본형	-아요/어요	기본형	-아요/어요
싸다	싸요	크다	커요
많다	많아요	적다	적어요
좋다	좋아요	맛있다	맛있어요
★바쁘다	바빠요	★예쁘다	예뻐요
★아프다	아파요	★어렵다	어려워요

2. 1) 책이 비싸요
2) 날씨가 더워요
3) 드라마가 재미있어요
4) 숙제가 많아요

명 을/를

1. 1) ①   2) ②   3) ①   4) ②

2. 1) 커피를 마셔요
2) 친구를 만나요
3) 책을 읽어요
4) 방을 청소해요

말하기와 듣기 p. 26

1. 1) 커요
2) 바빠요
3) 친구를 만나요
4) 음식을 요리해요

2. 1) 책을 읽어요.
2) ① O   ② X

읽기와 쓰기 p. 27

1. 1) ②
2) 민수 씨가 방을 청소해요.

2. 1) 일해요   2) 커피를   3) 마셔요   4) 많아요

4 라흐만 씨가 식당에 가요

어휘 p. 28

1. 1) ②   2) ④   3) ①   4) ③

2. 1) 편의점   2) 시장
3) 약국   4) 은행

3. 1) 찜질방   2) 노래방
3) 피시방(PC방)   4) 빨래방

4. 1) 영화관/극장   2) 헬스장
3) 미용실   4) 우체국

문법 p. 30

명 에 가다

1. 1) 집에 가요   2) 회사에 가요
3) 카페에 가요   4) 기숙사에 가요

2. 1) 식당에 가요   2) 은행에 가요
3) 마트에 가요   4) 약국에 가요

명 에서

1. 1) ②, 서점에서 책을 사요
2) ③, 카페에서 커피를 마셔요
3) ④, 우체국에서 편지를 보내요
4) ①, 헬스장에서 운동해요

2. 1) 카페에서 친구를 만나요
2) 교실에서 한국어를 공부해요
3) 피시방(PC방)에서 게임을 해요

4) 거실에서 텔레비전을 봐요

말하기와 듣기   p. 32

1. 1) 편의점에

2) 빨래방에 가요

3) 헬스장에서

4) 카페에서 친구를 만나요

2. 1) 라흐만 씨가 시장에 가요.

2) ① O   ② X

읽기와 쓰기   p. 33

1. 1) 아나이스 씨는 영화관에 가요.

2) ① X   ② O

2. 1) 서점에   2) 가요   3) 서점에서   4) 좋아해요

5   오늘은 5월 5일이에요

어휘   p. 34

1.

0	1	2	3	4	5
영	일	이	삼	사	오
6	7	8	9	10	
육	칠	팔	구	십	
11	12	13	14	20	
십일	십이	십삼	십사	이십	
30	40	50	60	100	
삼십	사십	오십	육십	백	

2. 1) 이월 십삼일이에요

2) 유월 이십사일이에요

3) 시월 삼십일일이에요

4) 팔월 십구일이에요

3. 1) 일요일   2) 수요일   3) 금요일

4) 지난주   5) 다음 주

4. 1) 화요일이에요

2) 칠월 십팔일이에요

3) 칠월 이십칠일이에요

4) 칠월 팔일이에요

문법   p. 36

명에

1. 1) 9월 26일에 영화를 봐요

2) 수요일에 수영을 배워요

3) 친구 생일에 선물을 사요

4) 한국어 수업 시간에 후엔 씨를 만나요

2. 1) 2월 14일에 생일 파티를 해요

2) 2월 6일에 한국어 시험을 봐요

3) 2월 20일에 친구를 만나요

명이/가 아니에요

1. 1) 토요일이 아니에요

2) 학생이 아니에요

3) 4층이 아니에요

2. 1) 호치민이 아니에요. 하노이예요

2) 목요일이 아니에요. 수요일이에요

3) 다음 주가 아니에요. 다음 달이에요

4) 1234가 아니에요. 2134예요

말하기와 듣기   p. 38

1. 1) 몇 월 며칠이에요

2) 토요일이 아니에요

3) 다음 주 수요일에

4) 월요일에 학교에 가요

2. 1) 생일에 대해 이야기해요.

2) 7월 29일이에요.

3) ① X   ② O

읽기와 쓰기   p. 39

1. 1) 금요일이에요.

2) ① X   ② O   ③ X

2. 1) 시월 팔일이에요

2) 시월 구일은(내일은)

3) 휴일이 아니에요

4) 수요일에

6 9시부터 6시까지 일해요

어휘 p. 40

1.

1	2	3	4	5	6	7
하나	둘	셋	넷	다섯	여섯	일곱
8	9	10	11	12	20	24
여덟	아홉	열	열하나	열둘	스물	스물넷
30	40	50	60	70	80	90
서른	마흔	쉰	예순	일흔	여든	아흔

2. 1) 오전 일곱 시 이십사 분

2) 오전 아홉 시 오십이 분

3) 오후 다섯 시 사십삼 분

4) 밤 열 시 반(삼십 분)

5) 오전 열한 시 십칠 분

6) 낮(오후) 열두 시 사십오 분

3. 1) 일해요   2) 만나요

3) 퇴근해요   4) 일어나요

4. 1) 입어요   2) 배워요   3) 출근해요

문법 p. 42

명부터~명까지

1. 1) 오후 두 시부터 오후 세 시까지

2) 오전 열 시부터 오전 열한 시까지

3) 오후 네 시부터 오후 다섯 시까지

2. 1) 7월부터 8월까지

2) 월요일부터 금요일까지

3) 6시 30분부터 8시까지

안 동 형

1. 1) 텔레비전을 안 봐요

2) 오후에 안 바빠요

3) 배가 안 고파요

2. 1) 친구를 안 만나요, 책을 읽어요

2) 일 안 해요, 집에서 텔레비전을 봐요

3) 신발이 안 싸요, 비싸요

4) 한국어 공부가 안 어려워요, 재미있어요

말하기와 듣기 p. 44

1. 1) 12시 반부터 1시 반까지예요

2) 금요일부터 일요일까지

3) 안 먹어요

4) 운동 안 해요

2. 1) 일요일 한국어 수업 시간에 만나요.

2) ① X   ② X   ③ O

읽기와 쓰기 p. 45

1. 1) 월요일부터 금요일까지 학교에 가요.

2) ① X   ② O   ③ X

2. 1) 아홉 시에 출근해요.

2) 아홉 시부터 여섯 시까지 일해요.

3) 여섯 시에 퇴근해요.

4) 일곱 시부터 여덟 시까지 친구를 만나요.

5) 아홉 시부터 열 시까지 텔레비전을 봐요.

7 김치찌개 하나 주세요

어휘 p. 46

1. 1) ⑤   2) ③   3) ①   4) ④   5) ②

2. 1) 짬뽕   2) 김밥   3) 삼계탕

3. 1) ③   2) ②   3) ④   4) ①

4. 1) 주문해요   2) 이름을 써요   3) 기다려요

문법　p. 48

⑧-고 싶다

1.

기본형	-고 싶다	기본형	-고 싶다
가다	가고 싶다	먹다	먹고 싶다
오다	오고 싶다	읽다	읽고 싶다
보다	보고 싶다	듣다	듣고 싶다
사다	사고 싶다	운동하다	운동하고 싶다
만나다	만나고 싶다	공부하다	공부하고 싶다

2. 1) 읽고 싶어요　　2) 듣고 싶어요　　3) 사고 싶어요
   4) 먹고 싶어요　　5) 만들고 싶어요

⑧-으세요

1.

기본형	-으세요/세요	기본형	-으세요/세요
가다	가세요	입다	입으세요
오다	오세요	주문하다	주문하세요
쓰다	쓰세요	전화하다	전화하세요
주다	주세요	★듣다	들으세요
읽다	읽으세요	★만들다	만드세요

2. 1) 앉으세요　　2) 쓰세요　　3) 오세요
   4) 기다리세요

말하기와 듣기　p. 50

1. 1) 주세요　　　2) 오세요　　　3) 보고 싶어요
   4) 고향에 가고 싶어요

2. 1) 분식집에 있어요.
   2) ① O　　② X　　③ X

읽기와 쓰기　p. 51

1. 1) 김치찌개, 된장찌개, 불고기, 삼계탕을 팔아요.
   2) ① O　　② X　　③ O

2. 1) 짜장면, 만두　　2) 먹고 싶어요　　3) 에 가요

8　칫솔하고 치약을 삽니다

어휘　p. 52

1. 1) ③　　　2) ②　　　3) ④　　　4) ①　　　5) ⑤

2. 1) 세 조각　2) 다섯 권
   3) 노트북이 한 대 있어요
   4) 강아지가 세 마리 있어요

3. 1) 이천오백삼십팔
   2) 만 삼천이백육십
   3) 칠십구만 사천팔백오십
   4) 이백삼십오만 칠천구백사십
   5) 삼천이백육십팔만 구천구백

4. 1) 만 칠천삼백오십
   2) 오십사만 이천육백구십
   3) 이십사만 삼천칠백오십

문법　p. 54

몡하고

1. 1) 노트북 한 대하고 커피 한 잔
   2) 피자 두 조각하고 콜라 한 병
   3) 사과 세 개하고 귤 여섯 개

2. 1) 주스 여섯 병하고 책 두 권
   2) 컴퓨터 한 대하고 공책 세 권
   3) 사과 두 개하고 라면 다섯 개

⑧휑-습니다, -습니까?

1.

기본형	-습니다/ㅂ니다	-습니까/ㅂ니까?	기본형	-습니다/ㅂ니다	-습니까/ㅂ니까?
먹다	먹습니다	먹습니까?	좋다	좋습니다	좋습니까?
읽다	읽습니다	읽습니까?	가볍다	가볍습니다	가볍습니까?
듣다	듣습니다	듣습니까?	맛있다	맛있습니다	맛있습니까?
가다	갑니다	갑니까?	싸다	쌉니다	쌉니까?
★팔다	팝니다	팝니까?	★살다	삽니다	삽니까?

2. 1) 비쌉니까, 비쌉니다
   2) 재미있습니까, 재미있습니다

3) 먹습니까, 먹습니다

4) 팝니까, 팝니다

말하기와 듣기 p. 56

1. 1) 커피 한 잔하고 케이크 한 조각

   2) 오십칠만 팔천 원입니다

   3) 맛있습니다

   4) 열다섯 명 있습니다

2. 1) 커피 한 잔하고 빵 한 개를 사요.

   2) ① X   ② O   ③ O

읽기와 쓰기 p. 57

1. 1) 과일하고 라면을 자주 사요.

   2) ① O   ② X   ③ X

2. 1) 갑니다   2) 좋아합니다

   3) 삽니다   4) 1,000원입니다

   5) 3,000원입니다   6) 먹습니다

   7) 마십니다   8) 맛있습니다

9   지난 주말에 친구를 만났어요

어휘 p. 58

1. 1) ②   2) ③   3) ④   4) ①

2. 1) 축구를 해요

   2) 아르바이트를 해요

   3) 산에 가요

   4) 친구를 만나요

3. 1) ②   2) ①   3) ④   4) ③

4. 1) 쇼핑했어요

   2) 과일을 샀어요

   3) 이야기를 했어요

   4) 공놀이를 했어요

문법 p. 60

동형 -었-

1.

기본형	-았/었/했어요	기본형	-았/었/했어요
먹다	먹었어요	만나다	만났어요
읽다	읽었어요	보다	봤어요
작다	작았어요	산책하다	산책했어요
재미있다	재미있었어요	★예쁘다	예뻤어요

2. 1) 청소를 했어요

   2) 산에 갔어요

   3) 재미없었어요

   4) 작았어요

명 도

1.

기본형	도	기본형	도
과일	과일도	빨래	빨래도
신발	신발도	청소	청소도
운동	운동도	숙제	숙제도
라면	라면도	친구	친구도

2. 1) 라면도 먹었어요

   2) 빨래도 했어요

   3) 흐엉 씨도 만났어요

   4) 계란도 샀어요

말하기와 듣기 p. 62

1. 1) 쉬었어요

   2) 야구도 좋아해요

   3) 히에우 씨도 만났어요

   4) 아르바이트를 했어요

2. 1) 친구하고 공원에서 자전거를 탔어요.

   2) ① O   ② X   ③ X

읽기와 쓰기 p. 63

1. 1) ④ - ③ - ① - ②

   2) ①

2. 1) 일어났습니다   2) 했습니다
   3) 만났습니다   4) 갔습니다
   5) 샀습니다   6) 싶었습니다
   7) 만들었습니다   8) 맛있었습니다

10   아버지는 요리를 잘하세요

어휘   p. 64

1. 1) 오빠   2) 언니   3) 여동생   4) 남동생
   5) 누나   6) 형   7) 남동생   8) 여동생

2. 1) 할머니   2) 아버지   3) 어머니
   4) 누나   5) 형   6) 여동생

3. 1) ②   2) ①   3) ④   4) ③

4. 1) 계세요
   2) 돌아가셨어요
   3) 주무세요
   4) 드세요

문법   p. 66

동형 **-으시-**

1.

기본형	-으시/시-	기본형	-으시/시-
읽다	읽으시다	쉬다	쉬시다
많다	많으시다	좋아하다	좋아하시다
만나다	만나시다	바쁘다	바쁘시다
★살다	사시다	크다	크시다

2. 1) 읽으세요   2) 산책하셨어요
   3) 있어요   4) 작으세요

동형 **-지만**

1.

기본형	-지만	기본형	-시만
먹다	먹지만	가다	가지만
읽다	읽지만	좋아하다	좋아하지만
많다	많지만	크다	크지만
작다	작지만	바쁘다	바쁘지만

2. 1) 좋아하지만
   2) 살지만
   3) 맛있지만
   4) 바빴지만

말하기와 듣기   p. 68

1. 1) 연세가   2) 할머니, 아버지, 어머니, 언니,
   3) 있지만   4) 사세요

2. 1) 가족사진을 봐요.
   2) ① O   ② O   ③ ×

읽기와 쓰기   p. 69

1. 1) 일곱 명입니다.   2) ④

2. 1) 계십니다
   2) 많으십니다
   3) 회사원이십니다
   4) 바쁘십니다
   5) 잘하십니다
   6) 하십니다
   7) 잘합니다

11   어버이날에 부모님께 꽃을 드려요

어휘   p. 70

1. 1) 생일   2) 케이크   3) 이메일   4) 초대   5) 축하 노래

2. 1) ①   2) ②   3) ②   4) ②   5) ①

3. 1) ①   2) ②   3) ②

4. 1) 어버이날 2) 생신 3) 어린이날 4) 결혼식

[문법] p. 72

명 에게/한테/께

1. 1) ①   2) ①   3) ②   4) ①

2. 1) 친구에게 택배를 보냈어요
2) 딸에게 케이크를 주었어요
3) 선생님께 카드를 써요
4) 부모님께 전화해요

동 −어 주다

1.

기본형	−아 주다/어 주다	기본형	−아 주다/어 주다
가다	가 주다	열다	열어 주다
읽다	읽어 주다	청소하다	청소해 주다
쓰다	써 주다	가르치다	가르쳐 주다
세우다	세워 주다	만들다	만들어 주다

2. 1) 켜 주세요
2) 청소해 주세요
3) 만들어 주세요
4) 사 주세요

[말하기와 듣기] p. 74

1. 1) 감사합니다
2) 닫아 주세요
3) 고향 친구한테
4) 전화를 드렸어요

2. 1) ①
2) ① X   ② ○   ③ X

[읽기와 쓰기] p. 75

1. 1) ①
2) ④ − ② − ① − ③

2. 1) 스승의 날
2) 불러 드렸습니다
3) 감사합니다
4) 드렸습니다

---

12 이번 휴가에 뭐 할 거예요?

[어휘] p. 76

1. 1) ②   2) ①   3) ④   4) ③

2. 1) 가족하고 외식했어요
2) 여행을 가고 싶어요
3) 컴퓨터 게임을 해요
4) 친구 집에 놀러 갔어요

3. 1) ④   2) ③   3) ②   4) ①

4. 1) 고향 친구들을 만났어요
2) 놀이 기구를 탔어요
3) 캠핑을 하고 싶어요
4) 수영을 해요

[문법] p. 78

동 −을 거예요

1.

기본형	−을 거예요/ㄹ 거예요	기본형	−을 거예요/ㄹ 거예요
먹다	먹을 거예요	사다	살 거예요
읽다	읽을 거예요	만나다	만날 거예요
받다	받을 거예요	배우다	배울 거예요
★듣다	들을 거예요	★만들다	만들 거예요

2. 1) 고향에 갈 거예요
2) 옷하고 신발을 살 거예요
3) 놀이 기구를 탈 거예요
4) 쉴 거예요

동 형 -고(나열)

1.

기본형	-고	기본형	-고
먹다	먹고	가다	가고
읽다	읽고	좋아하다	좋아하고
있다	있고	크다	크고
많다	많고	바쁘다	바쁘고

2. 1) 음악도 듣고 영화도 볼 거예요
2) 오전에는 친구를 만나고 오후에는 도서관에 갔어요
3) 덥고 비가 많이 와요
4) 키도 크고 멋있어요

말하기와 듣기 p. 80

1. 1) 자전거를 탈 거예요
2) 고향 음식도 먹을 거예요
3) 외식도 하고
4) 한복도 입고

2. 1) 다음 달 5일부터 9일까지예요.
2) ① × ② O ③ O

읽기와 쓰기 p. 81

1. 1) 한라산에 갔어요.
2) ④

2. 1) 5일부터 9일까지
2) 부산에 여행을 갈 겁니다
3) 고향 친구들을 만날 겁니다
4) 바다에서 수영도 하고
5) 고향 음식도 먹을 겁니다

13 버스로 공항에 가요

어휘 p. 82

1. 1) ② 2) ① 3) ④ 4) ③

2. 1) 택시
2) 자전거
3) 버스

3. 1) ② 2) ① 3) ④ 4) ③

4. 1) 버스
2) 지하철
3) 비행기
4) 고속버스

문법 p. 84

명 으로(수단)

1.

기본형	으로/로	기본형	으로/로
여객선	여객선으로	택시	택시로
지하철	지하철로	버스	버스로
오토바이	오토바이로	기차	기차로
자전거	자전거로	비행기	비행기로

2. 1) 자전거
2) 지하철
3) 버스
4) 택시

동 -으러 가다/오다

1.

기본형	-으러 가다/러 가다	기본형	-으러 가다/러 가다
받다	받으러 가다	사다	사러 가다
먹다	먹으러 가다	만나다	만나러 가다
읽다	읽으러 가다	전화하다	전화하러 가다
★만들다	만들러 가다	공부하다	공부하러 가다

2. 1) 외국인 등록증을 받으러 가요
　　2) 한국어를 배우러 왔어요
　　3) 한국어 책을 빌리러 갔어요
　　4) 고향 음식을 만들러 갔어요

말하기와 듣기　p. 86

1. 1) 친구를 만나러
　　2) 지하철로
　　3) 공부하러
　　4) 보내러 왔어요

2. 1) 등산도 하고 사진도 찍을 거예요.
　　2) ① X　　② O　　③ X

읽기와 쓰기　p. 87

1. 1) ①　　　　2) ③

2. 1) 만나러　　　　2) 버스로
　　3) 기차로　　　　4) 고속버스로
　　5) 지하철로　　　6) 탔습니다
　　7) 봤습니다

14　저녁 7시에 만날까요?

어휘　p. 88

1. 1) ②　　　2) ①　　　3) ③

2. 1) 지켜요　　　　2) 바꿀 거예요
　　3) 정했어요　　　4) 늦었어요

3. 1) 시험이 있어요
　　2) 몸이 아파요
　　3) 가족 모임이 있어요
　　4) 일이 많았어요

4. 1) 야근을 해요
　　2) 회식이 있어요
　　3) 시간이 없어요
　　4) 다른 약속이 있어요

문법　p. 90

동 -을까요?

1.

기본형	-을까요/ㄹ까요?	기본형	-을까요/ㄹ까요?
앉다	앉을까요?	배우다	배울까요?
보다	볼까요?	산책하다	산책할까요?
타다	탈까요?	청소하다	청소할까요?
마시다	마실까요?	운동하다	운동할까요?
★놀다	놀까요?	★걷다	걸을까요?

2. 1) 칠까요
　　2) 먹을까요
　　3) 열까요
　　4) 들을까요

못 동

1.

기본형	못	기본형	못
먹다	못 먹다	마시다	못 마시다
가다	못 가다	일어나다	못 일어나다
보다	못 보다	야근하다	야근 못 하다
만나다	못 만나다	공부하다	공부 못 하다
쉬다	못 쉬다	산책하다	산책 못 하다

2. 1) 한자를 못 읽어요
　　2) 친구를 못 만났어요
　　3) 수영 못 해요

말하기와 듣기　p. 92

1. 1) 할까요
　　2) 마실까요
　　3) 약속이 있어요
　　4) 산책을 못 해요

2. 1) 아니요, 두 사람은 어제 못 만났어요.

3. 1) O　　　2) X　　　3) X

1. 1) ①

　　2) 모임은 이번 주 토요일 수업 후에 해요.

　　3) 안젤라 씨 집에서 해요.

2. 1) 일 못 해요

　　2) 회식을 할까요

　　3) 할까요

　　4) 준비할까요

15 오늘 날씨가 정말 덥네요

어휘 p. 94

1. 1) ③　　　2) ④　　　3) ①　　　4) ②

2. 1) 따뜻해요

　　2) 추워요

　　3) 더워요

3. 1) 눈이 와요

　　2) 비가 와요

　　3) 바람이 불어요

　　4) 번개가 쳐요

4. 1) 흐려요

　　2) 구름

　　3) 맑아요

　　4) 끼어요

문법 p. 96

동 형 −네요

1.

기본형	−네요	기본형	−네요
크다	크네요	재미있다	재미있네요
많다	많네요	맛있다	맛있네요
아름답다	아름답네요	바쁘다	바쁘네요
그리다	그리네요	★만들다	만드네요
비싸다	비싸네요	★힘들다	힘드네요

2. 1) 많네요

　　2) 바쁘네요

　　3) 그리네요

　　4) 만드네요

명 보다

1. 1) 대구가 서울보다 더워요.

　　2) 속초가 서울보다 시원해요.

　　3) 평창이 서울보다 눈이 많이 와요.

2. 1) 지하철이 버스보다

　　2) 여름을 겨울보다

　　3) 영어를 한국어보다

말하기와 듣기 p. 98

1. 1) 덥네요

　　2) 가을보다 봄을 더

　　3) 많이 오네요

　　4) 더 추웠어요

2. 1) 지금 한국은 여름이에요.

　　2) ① X　② O　③ X

읽기와 쓰기 p. 99

1. 1) ②

　　2) ②

2. 1) 3월　　　2) 4월　　　3) 5월

　　4) 따뜻합니다　　　5) 등산을

　　6) 꽃이 많이 핍니다　　　7) 꽃구경을

16 배가 아파서 병원에 가요

어휘 p. 100

1. 1) 눈　　2) 코　　3) 이　　4) 목　　5) 팔
　　6) 배　　7) 손　　8) 다리　　9) 무릎　　10) 발

2. 1) 안과　　2) 치과　　3) 이비인후과　　4) 내과

3. 1) ④　　　2) ③　　　3) ②　　　4) ①

4. 1) 병원에 갔어요
　　2) 푹 쉬세요
　　3) 감기에 걸렸어요

문법 p. 102

동형 -아서

1.

기본형	-아서/어서	기본형	-아서/어서
가다	가서	보다	봐서
놀다	놀아서	읽다	읽어서
★크다	커서	재미없다	재미없어서
★걷다	걸어서	힘들다	힘들어서
★어렵다	어려워서	★바쁘다	바빠서

2. 1) 비가 와서 산책을 못 해요
　　2) 숙제가 어려워서 못 했어요
　　3) 눈이 아파서 안과에 갔어요
　　4) 봄에 꽃이 많이 피어서 봄을 좋아해요

동 -는 것

1.

기본형	-는 것	기본형	-는 것
자다	자는 것	읽다	읽는 것
마시다	마시는 것	산책하다	산책하는 것
여행하다	여행하는 것	운동하다	운동하는 것
★팔다	파는 것	★살다	사는 것

2. 1) 수영하는 것
　　2) 물을 많이 마시는 것
　　3) 등산하는 것
　　4) 고향 음식을 만드는 것

말하기와 듣기 p. 104

1. 1) 배가 너무 아파서
　　2) 읽는 것이 좋아요
　　3) 말을 많이 안 하는 것이

2. 1) 라민 씨는 병원에 갔어요.
　　2) ① X　　② X　　③ O

읽기와 쓰기 p. 105

1. 1) ② – ① – ③
　　2) ① O　　② X　　③ X

2. 1) 갔습니다
　　2) 보는 것이
　　3) 바다에서
　　4) 아파서
　　5) 낚시를

17 사진을 찍지 마세요

어휘 p. 106

1. 1) ④　　　2) ②　　　3) ③　　　4) ①

2. 1) 보냈어요
　　2) 등록할 거예요
　　3) 받으러
　　4) 환전해요

3. 1) ④　　　2) ③　　　3) ②　　　4) ①

4. 1) 버리세요
　　2) 피우세요
　　3) 뛰어요
　　4) 만지고

명으로(방향)

1.

기본형	으로/로	기본형	으로/로
왼쪽	왼쪽으로	제주도	제주도로
뒤	뒤로	백화점	백화점으로
옆	옆으로	시장	시장으로
5층	5층으로	서울	서울로

2. 1) 제주도로
   2) 아래층으로
   3) 서울로
   4) 어디로

동－지 마세요

1.

기본형	－지 마세요	기본형	－지 마세요
가다	가지 마세요	피우다	피우지 마세요
사다	사지 마세요	놀다	놀지 마세요
버리다	버리지 마세요	받다	받지 마세요
읽다	읽지 마세요	주차하다	주차하지 마세요

2. 1) 먹지 마세요.
   2) 주차하지 마세요.
   3) 들어가지 마세요.
   4) 뛰지 마세요.

말하기와 듣기　p. 110

1. 1) 2층으로 올라가세요
   2) 오른쪽으로 가세요
   3) 주차하지 마세요, 뒤쪽으로 가세요

2. 1) 안젤라 씨는 지금 역사 박물관에 가요.
   2) ① X　② X　③ X

읽기와 쓰기　p. 111

1. 1) ①
   2) ① O　② X　③ X

2. 1) 전화하지 마세요
   2) 음식을 먹지 마세요
   3) 책에 그림을 그리지 마세요
   4) 큰 소리로 이야기하지 마세요

18　한국 생활은 조금 힘든데 재미있어요

어휘　p. 112

1. 1) 고등학교
   2) 입학
   3) 졸업
   4) 방학

2. 1) 건강 보험이 돼요
   2) 대중교통 수단을 이용하기 편해요
   3) 외국인 등록증이 필요해요
   4) 교통 카드를 이용해요

3. 1) 쓰레기 봉투
   2) 팥빙수
   3) 버스 전용 차로
   4) 자전거 도로

4. 1) 팔아요
   2) 문을 열어요
   3) 문을 닫아요
   4) 배달이 돼요

문법　p. 114

동형－지요?

1.

기본형	－지요?	기본형	－지요?
맛있다	맛있지요?	좋아하다	좋아하지요?
재미있다	재미있지요?	힘들다	힘들지요?
크다	크지요?	아름답다	아름답지요?
열다	열지요?	만나다	만나지요?

2. 1) 열지요

2) 힘들지요

3) 가지요

4) 학교 앞 카페지요

8) 공부가 힘들

9) 한국 생활이 슬겁습니나

동 형 –는데(대조)

1.

기본형	–은데/ㄴ데/는데	기본형	–은데/ㄴ데/는데
적다	적은데	좋아하다	좋아하는데
비가 오다	비가 오는데	짧다	짧은데
★덥다	더운데	시원하다	시원한데
★길다	긴데	★어렵다	어려운데
★만들다	만드는데	★쉽다	쉬운데

2. 1) 키가 큰데 동생은 작아요

2) 바다를 좋아하는데 민수 씨는 산을 좋아해요

3) 여름인데 호주는 겨울이에요

말하기와 듣기 p. 116

1. 1) 많이 덥지요

2) 안 열지요

3) 비가 많이 오는데

4) 팥빙수를 파는데

2. 1) 라민 씨는 지금 배가 아파요.

2) 민수 씨하고 같이 인터넷으로 찾았어요.

3) 기숙사 근처 병원은 오늘 4시에 문을 닫아요.

4) 병원에 갈 때 외국인 등록증이 필요해요.

읽기와 쓰기 p. 117

1. 1) 안젤라 씨는 지금 한국에 사는 것이 재미있어요.

2) ① O   ② X   ③ O   ④ X

2. 1) 라민입니다

2) 대학생입니다

3) 작년 여름

4) 비가 많이 오

5) 비가 안 옵니다

6) 힘들

7) 가족과 친구들이 보고 싶었습니다

말하기와 듣기 지문

1   안녕하세요?

이링(여): 안녕하세요, 저는 이링이에요.
라민(남): 저는 라민이에요. 이링 씨는 어느 나라에서
          왔어요?
이링(여): 중국에서 왔어요.
라민(남): 저는 이집트에서 왔어요. 학생이에요.
이링(여): 만나서 반가워요.

2   방에 책상이 있어요

후 엔(여): 교실에 시계가 있어요?
제이슨(남): 아니요, 교실에 시계가 없어요.
후 엔(여): 그래요? 교실에 컴퓨터가 있어요?
제이슨(남): 네, 컴퓨터가 있어요. 책상이 있어요.

3   한국어를 배워요

김영욱(남): 고천 씨, 지금 뭐 해요?
고 천(여): 책을 읽어요. 책이 재미있어요.
김영욱(남): 성민은 지금 자요?
고 천(여): 아니요, 영화를 봐요.

4   라흐만 씨가 식당에 가요

아나이스(여): 라흐만 씨, 지금 어디에 가요?
라 흐 만(남): 시장에 가요.
아나이스(여): 거기에서 뭐 해요?
라 흐 만(남): 사과를 사요. 옷을 사요.

5   오늘은 5월 5일이에요

안젤라(여): 제이슨 씨, 다음 주 금요일이 제이슨 씨
            생일이에요?
제이슨(남): 다음 주 금요일이 아니에요. 제 생일은
            7월이에요.
안젤라(여): 제이슨 씨 생일이 몇 월 며칠이에요?
제이슨(남): 7월 29일이에요. 토요일이에요. 안젤라 씨
            생일은 언제예요?

안젤라(여): 제 생일은 5월 21일이에요. 다음 주
            화요일이에요.
제이슨(남): 다음 주에 같이 밥 먹어요.

6   9시부터 6시까지 일해요

안젤라(여): 이링 씨, 언제 시간이 있어요? 이번 주
            월요일에 일해요?
이 링(여): 네, 일해요.
안젤라(여): 이링 씨는 무슨 요일에 일해요?
이 링(여): 저는 월요일부터 금요일까지 일해요. 안젤라
            씨는요?
안젤라(여): 저는 월요일은 일 안 해요. 화요일부터
            토요일까지 일해요.
이 링(여): 그러면 일요일 한국어 수업 시간에 만나요.

7   김치찌개 하나 주세요

직 원(여): 어서 오세요. 여기에 앉으세요.
라 민(남): 메뉴 좀 주세요. 아나이스 씨, 뭐 먹고
            싶어요?
아나이스(여): 저는 김밥이 먹고 싶어요. 라민 씨는요?
라 민(남): 저는 라면이 먹고 싶어요. 여기 김밥 하나,
            라면 하나 주세요.
직 원(여): 죄송해요. 지금 라면이 없어요.
라 민(남): 그러면 김밥 하나, 떡볶이 하나 주세요.
            그리고 물도 좀 주세요.

8   칫솔하고 치약을 삽니다

직 원(남): 어서 오세요. 무엇을 드릴까요?
안젤라(여): 커피 한 잔하고 케이크 두 조각 주세요.
직 원(남): 죄송합니다. 케이크가 지금 없습니다.
안젤라(여): 그러면 빵 한 개 주세요. 얼마예요?
직 원(남): 모두 9,700원입니다.
안젤라(여): 여기 있습니다.

9　지난 주말에 친구를 만났어요

히에우(남): 안젤라 씨는 주말에 뭐 했어요?

안젤라(여): 백화점에 갔어요.

히에우(남): 백화점에서 뭐 했어요?

안젤라(여): 친구 생일 선물을 샀어요. 그리고 제 신발도 샀어요. 히에우 씨는 뭐 했어요?

히에우(남): 저는 친구하고 공원에서 자전거를 탔어요.

10　아버지는 요리를 잘하세요

이링(여): 라민 씨 가족사진이에요?

라민(남): 네, 작년에 할머니 생신에 찍었어요.

이링(여): 이분은 누구세요? 정말 멋있으세요.

라민(남): 우리 할아버지세요.

이링(여): 할아버지는 연세가 어떻게 되세요?

라민(남): 일흔다섯 살이세요.

이링(여): 할아버지는 일을 하세요?

라민(남): 아니요, 작년까지는 일을 하셨지만 지금은 안 하세요.

11　어버이날에 부모님께 꽃을 드려요

안 젤 라(여): 드미트리 씨, 그 넥타이는 뭐예요?

드미트리(남): 선물을 받았어요.

안 젤 라(여): 무슨 날이에요?

드미트리(남): 어제 제 생일이었어요. 친구가 저에게 넥타이를 사 줬어요.

안 젤 라(여): 넥타이가 예뻐요. 생일 축하해요.

12　이번 휴가에 뭐 할 거예요?

라흐만(남): 고천 씨, 휴가가 언제예요?

고　천(여): 다음 달 5일부터 9일까지예요.

라흐만(남): 휴가에 뭐 할 거예요?

고　천(여): 내일 중국에서 언니와 남동생이 와요. 그래서 여행을 갈 거예요.

라흐만(남): 어디에 갈 거예요?

고　천(여): 제주도에 갈 거예요. 제주도에서 등산도 하고

캠핑도 할 거예요.

라흐만(남): 정말 좋겠어요.

13　버스로 공항에 가요

히에우(남): 안젤라 씨, 이번 여름 휴가에 뭐 할 거예요?

안젤라(여): 등산도 하고 사진도 찍으러 제주도에 갈 거예요.

히에우(남): 비행기로 갈 거예요?

안젤라(여): 아니요, 배로 갈 거예요.

히에우(남): 그래요? 어디에서 배를 탈 거예요?

안젤라(여): 고속버스 터미널에서 버스로 목포까지 갈 거예요. 그리고 목포에서 배를 탈 거예요.

히에우(남): 힘들지만 재미있겠어요. 저도 같이 가고 싶어요.

14　저녁 7시에 만날까요?

아나이스(여): 여보세요. 라민 씨, 저 아나이스예요.

라　민(남): 아, 아나이스 씨. 안녕하세요?

아나이스(여): 안녕하세요? 라민 씨, 어제 약속을 못 지켜서 정말 미안해요.

라　민(남): 괜찮아요. 그런데 무슨 일 있었어요?

아나이스(여): 어제 몸이 좀 안 좋았어요. 그런데 이제 괜찮아요.

라　민(남): 그럼 내일 만날까요?

아나이스(여): 네, 좋아요. 내일 2시에 만나요.

15　오늘 날씨가 정말 덥네요

정아라(여): 라민 씨, 요즘 날씨가 정말 덥지요?

라　민(남): 네, 선생님. 한국 7월은 정말 덥네요.

정아라(여): 이집트보다 한국이 더 더워요?

라　민(남): 아니요, 이집트가 한국보다 더 더워요. 그런데 밤에는 좀 쌀쌀해요.

정아라(여): 비도 많이 와요?

라　민(남): 아니요, 비는 안 와요.

정아라(여): 아, 한국하고 날씨가 많이 다르네요.

16 배가 아파서 병원에 가요

의사(여): 어서 오세요. 어디 아프세요?

라민(남): 코가 안 좋고 목도 아파요.

의사(여): 머리도 아프세요?

라민(남): 네, 머리도 아파요.

의사(여): 언제부터 아팠어요?

라민(남): 어제부터 아팠어요.

의사(여): 감기에 걸렸네요. 약을 드시고 잠을 푹 자는
것이 좋아요.

라민(남): 네, 알겠습니다.

17 사진을 찍지 마세요

안젤라(여): 저, 실례합니다. 역사 박물관이 어디에
있어요?

직　원(남): 쭉 가세요. 그리고 저기 쓰레기통 보여요?
저기에서 왼쪽으로 가세요. 빨간색 5층
건물이에요.

안젤라(여): 네, 감사합니다. 그런데 박물관 안에서 사진을
찍을 수 있어요?

직　원(남): 아니요, 박물관 안에서는 사진을 못 찍어요.
사진을 찍지 마세요.

안젤라(여): 감사합니다.

직　원(남): 아, 그리고 커피를 가지고 들어가지 마세요.
음료수도 못 마셔요.

안젤라(여): 네, 알겠습니다. 감사합니다.

18 한국 생활은 조금 힘든데 재미있어요

라민(남): 여보세요. 고천 씨, 저 라민이에요.

고천(여): 라민 씨, 무슨 일 있어요?

라민(남): 저 지금 너무 배가 아파요. 그런데 일요일에는
병원이 문을 안 열지요?

고천(여): 아니에요. 보통은 안 여는데 일요일에 문을 여는
휴일 병원이 있어요.
잠깐만요. 제가 민수 씨하고 인터넷을
찾아볼게요.

라민(남): 네, 감사합니다.

고천(여): 라민 씨 기숙사 건너편에 내과가 오늘 4시까지
문을 열어요. 한번 가 보세요.
외국인 등록증을 꼭 가지고 가세요.

라민(남): 감사합니다. 한번 가 볼게요.

기획 · 연구

박정아 국립국어원 학예연구관
정혜선 국립국어원 학예연구사

이슬비 국립국어원 학예연구사
박지수 국립국어원 연구원

집필진

책임 집필

이미혜 이화여자대학교 교육대학원 교수

공동 집필

이영숙 한양대학교 국제교육원 교수
안경화 서울대학교 언어교육원 대우교수
김현정 서강대학교 국제한국학선도센터 책임연구원
이윤진 안양대학교 교육대학원 교수
유해준 상지대학교 한국어문학과 교수
강유선 숙명여자대학교 아시아여성연구원 연구원
이명순 대전대학교 사회통합프로그램 강사

조항록 상명대학교 한국학과 교수
배재원 이화여자대학교 언어교육원 특임교수
정미지 아주대학교 다산학부대학 특임교수
오지혜 세명대학교 미디어문화학부 교수
박수연 조선대학교 언어교육원 교육부장
이미선 서정대학교 사회통합프로그램 강사

연구 보조원

김민정 이화여자대학교 국제대학원 강사
위햇님 서울대학교 언어교육원 강사
남미정 상명대학교 국제언어문화교육원 강사
권수진 한양대학교 국제교육원 강사
진보영 안산시외국인주민지원본부 사회통합프로그램 강사

오민수 건국대학교 언어교육원 강사
이승민 (재)한국이민재단 강사
곽은선 고려대학교 한국어센터 강사
강수진 상명대학교 국제언어문화교육원 강사

법무부 사회통합프로그램(KIIP)
한국어와 한국문화 초급 1 (익힘책)

1판 1쇄 발행 2020년 12월 10일
1판 8쇄 발행 2024년 12월 31일

기획 · 연구 국립국어원
관계 기관 협조 법무부 출입국 · 외국인정책본부 이민통합과
지은이 이미혜 외

펴낸이 박영호
기획팀 송인성, 김선명
편집팀 박우진, 김영주, 김정아, 최미라, 전혜련, 박미나
관리팀 임선희, 정철호, 김성언, 권주련
펴낸곳 (주)도서출판 하우

주소 서울시 중랑구 망우로68길 48
전화 (02)922-7090
팩스 (02)922-7092
홈페이지 http://www.hawoo.co.kr
e-mail hawoo@hawoo.co.kr
등록번호 제2016-000017호

값 10,000원
ISBN 979-11-90154-86-4 14710
ISBN 979-11-90154-80-2 14710 (set)

* 이 책은 저작권법에 따라 보호받는 저작물이므로 무단 전재와 무단 복제를 금지하며,
  이 책 내용의 전부 또는 일부를 이용하려면 반드시 저작권자와 (주)도서출판 하우의 서면 동의를 받아야 합니다.